AF397242

Philosophie erzählt

Band 12

Eric Mührel

Unterwegs mit Pascal

Band I:
Über den Menschen –
Betrachtungen auf zwölf Wegen

VERLAG KARL ALBER

Die Deutsche Nationalbibliothek verzeichnet diese Publikation in der Deutschen Nationalbibliografie; detaillierte bibliografische Daten sind im Internet über http://dnb.d-nb.de abrufbar.

ISBN 978-3-495-99257-9 (Print)
ISBN 978-3-495-99258-6 (ePDF)

Onlineversion
Nomos eLibrary

1. Auflage 2024
© Verlag Karl Alber – ein Vertlag in der Nomos Verlagsgesellschaft mbH & Co. KG, Baden-Baden 2024. Gesamtverantwortung für Druck und Herstellung bei der Nomos Verlagsgesellschaft mbH & Co. KG. Alle Rechte, auch die des Nachdrucks von Auszügen, der fotomechanischen Wiedergabe und der Übersetzung, vorbehalten. Gedruckt auf alterungsbeständigem Papier (säurefrei). Printed on acid-free paper.

Besuchen Sie uns im Internet
verlag-alber.de

*Gewidmet all jenen, die auf der Suche nach Gewissheit
sind.*

Inhaltsverzeichnis

Prolog

»Der Mensch ist nur ein Schilfrohr, das schwächste der Natur, aber er ist ein denkendes Schilfrohr.« (Frgt. 206)

Dieser Blick Blaise Pascals auf den Menschen spiegelt die große Bandbreite menschlichen Lebens zwischen der Schwermut, die einhergeht mit der Einsicht in die Zerbrechlichkeit und Endlichkeit des Lebens, und der Freude und einem vermeintlichen Glück, über das Denken eben jene Einsicht ermöglicht zu bekommen. In dieser Spannung zwischen, wie Pascal es ausdrückt, Größe und Elend des Menschen bewegen sich die zwölf folgenden Reflexionen über die Pensées, die in Fragmenten gesammelten Gedanken Pascals. Dieser hier zuerst angeführte Gedanke ruft einige grundlegende Fragestellungen hervor, die auf den Wegen der Reflexionen immer wieder in der ein oder anderen Art und Weise auftauchen und dort dann eingehender bedacht werden.

- Was heißt eigentlich *Denken*? Erfreut das Denken oder macht es nicht eher traurig? Liegt in der Größe des Denkens tatsächlich auch die Würde des Menschen? Ist es überhaupt möglich nicht zu denken, gedankenlos zu sein? Führt das Denken überhaupt an (s)ein Ziel? Was wäre dieses Ziel des Denkens? Führt es zu Erkenntnis und damit gegebenenfalls auch zu Selbsterkenntnis? Lässt sich über das Denken und eine vermeintliche Selbsterkenntnis ein Ort für das eigene Selbst in dieser Welt finden? Wäre dieses Finden mit einer Gewissheit und Vertrautheit mit der Welt und diesem Selbst verbunden? Liegt also letztlich das Glück des Menschen im Denken? Ist es à la bonheur, beinhaltet es die gute und glückliche *Stunde* und Seite des Menschen? Oder ist das Denken nicht eher ein Malheur, die niederdrückende und zerschmetternde *Stunde* und Seite tiefer Melancholie und Schwermut?
- Pascal geht wie selbstverständlich davon aus, dass der Mensch Teil der Natur ist. Stimmt das überhaupt und stimmt es heute noch? Was ist überhaupt *Natur*? Was bedeutet das, sich selbst als Teil

der Natur zu denken und zu verstehen? Warum sollte sich der Mensch gerade als Schilfrohr denken? Wäre es nicht sinnvoller und gegebenenfalls zutreffender, ihn beispielsweise als Mammutbaum, Elefant oder Hornisse, Wolke, Meer oder das Licht selbst zu denken? Will der Mensch und wollen zumindest einige Menschen sich nicht von den Fesseln und Ketten der Natur befreien und diese beherrschen? Aber was würde das bedeuten? Gibt es eine spezifische Natur des und der Menschen und worin würde sich diese von der allgemeinen Natur der Dinge und der Welt unterscheiden?

Der Titel des Buches lautet: *Unterwegs mit Pascal*. Was ist damit gemeint? Zum einen ist eine Einladung an jene Leserinnen und Leser, die Pascal noch überhaupt nicht oder so gut wie gar nicht kennen, ausgesprochen, sich auf *Wege* des Denkens Pascals zu wagen und einzulassen. Einer philosophischen Schulung bedarf es ausdrücklich nicht. Eine solche Einladung gilt selbstredend auch für jene, die eine Wiederbegegnung mit Pascal suchen. Zum anderen ist auch das *Unterwegssein* des eigenen Lebens der Leserinnen und Leser angesprochen. Denn es geht nicht *nur* darum, Pascals Denkbewegungen zu folgen, sondern auch um eine weitere Einladung, mit Pascal die Wege des eigenen Lebens, die gegangenen wie die noch zu gehenden, zu be- und zu hinterfragen. Aufgrund dieser beiden Einladungen kann und darf das Buch auch beim Unterwegssein, bei einer Wanderung oder einer sonstigen Reise durchaus ein inspirierender Begleiter sein.

Zwölf Wege dürfen beschritten werden. Es handelt sich um je vier Wege zu drei zentralen Themen und deren Umkreisungen des pascalschen Denkens in seinen Pensées (Gedanken). Diese Themen sind:

- die absurde Lage des Menschen,
- die *Sternschnuppen* der Erkenntnis,
- das Herz und die Herzensbildung.

Diese Themen stellen eine begrenzte Auswahl aus dem gesamten Denken und Werk Pascals und auch aus seinen Pensées dar. Das erste Thema umfasst die *existentiellen* Fragen nach dem Sinn und dem Grund oder eben nach der Absurdität und dem Abgrund des Lebens. Darauf folgen Gedankenwege darüber, was Menschen überhaupt in der Welt und über sich selbst zu erkennen und zu wissen vermögen. Die Pensées – nicht nur zu diesem zweiten Thema – sind selten systematisch strukturiert. Sie erscheinen wie *Sternschnuppen*, die die Nacht des Nichtwissens kurzzeitig erhellen. Die Wege des dritten Themas widmen sich dem *Herz* des Menschen. Was lässt sich mit Pascal unter dem Begriff *Herz* verstehen? Was unterscheidet das *Herz* von dem Verstand und von der Seele? Kann das Herz sich *bilden*? Schließlich: Welcher Voraussetzung bedarf eine vermeintliche Herzensbildung?

Jeweils bis zu vier Fragmente – in solche sind die einzelnen Pensées gegliedert – beziehungsweise Auszüge aus einzelnen Fragmenten sind den Kapiteln vorangestellt und eröffnen die dann folgenden Fragestellungen und Reflexionen. Die Lektüre darf bei einem beliebigen Kapitel beginnen, die Wege *müssen* nicht hintereinander beschritten werden. Hinderlich ist dies jedoch auch nicht.

Aus dem bisher Gesagten wird ersichtlich, was dieses Buch nicht ist und auch keinesfalls beansprucht zu sein: ein wissenschaftliches Fachbuch über das Leben und das Werk Pascals. Hierzu und auch zu weiterführenden Arbeiten zu und über Pascal erfolgen am Ende des Buchs Literaturhinweise. Zudem thematisieren die folgenden zwölf Wege nicht explizit die Frage der Erkenntnis Gottes, die für Pascal generell höchst bedeutsam war und auch in seinen Pensées einen besonderen Platz einnimmt. Implizit schwingt diese Frage immer wieder mit, denn sie durchdringt auch Pascals Erkennen und Verstehen der Lage des Menschen. An dieser Stelle sei schon der Hinweis erlaubt, dass sich der Frage der Religion und der Erkenntnis Gottes explizit ein folgender zweiter Band mit weiteren zwölf Wegen widmen wird.

Wer war Pascal? Er war ein Mensch auf der Suche nach Gewissheit, einem tragenden Grund für sein Leben. Diese Suche spiegelt sich in seinen Pensées, die er zum Ende seines relativ kurzen und von chronischen Schmerzen begleiteten Lebens verfasste. Vor gut 400 Jahren am 19. Juli 1623 in Clermont in der Auvergne geboren vollzog sich das Leben Pascals bis zu seinem Tod am 19. August 1662 in Paris auf dem Hintergrund großer Umbrüche und geistigen, teils ideologischen wie auch gewalttätigen Auseinandersetzungen in Gesellschaft, Wissenschaft, Politik und Religion innerhalb Frankreichs und Europas. Sinnbildlich hierfür stehen der Dreißigjährige Krieg, die aufstrebenden und von der Theologie und auch der Philosophie sich emanzipierenden Naturwissenschaften und das aufkeimende

Bewusstsein des *neuzeitlichen* Menschen. Wie lässt sich letzteres beschreiben? Sinnbildlich hierfür steht die Erkenntnis, dass die Erde ein Staubkorn in einem Meer von Milliarden Galaxien ist, was angesichts dieser unendlichen Weiten ein Gefühl der offensichtlich völligen Bedeutungslosigkeit und Absurdität des eigenen Lebens in vielen Seelen hervorrufen kann. Das erklärt die Suche Pascals nach Gewissheit, die ihn durch verschiedene Bereiche und Dimensionen, Höhen und Tiefen der Mathematik und der Physik, der Philosophie und der Theologie wie auch der Betrachtung der Gesellschaft *trieb*. Diese Suche nach Gewissheit wird vielen Menschen der heutigen Zeit nicht fremd sein. Daher kann es für eigene Orientierungen lohnenswert sein, sich mit Pascal auf den Weg zu machen.

Alles Weitere zu Pascal lässt sich mit dem folgenden Leitsatz ausdrücken: Wir dürfen uns über die Größe anderer Menschen freuen. Die *Größe* Pascals spiegelt sich im Untertitel einer der umfassendsten neueren Biographien über Pascal von Jacques Attali aus dem Jahre 2000, die 2006 in deutscher Übersetzung aus dem Französischem erschien. Er lautet: »Biographie eines Genies.« Der Literaturnobelpreisträger und Verfasser philosophischer Essays, Albert Camus (1913–1960), war zeitlebens ein Verehrer Pascals. In einem Tagebucheintrag im November 1956 notiert er: »Pascal, der größte von allen, gestern und heute.« Das ist kein Zufall, denn Camus als Denker des Absurden bezieht sich implizit in seinen Werken stark auf die Gedanken Pascals über die absurde Lage des Menschen. Allerdings: Er zieht völlig andere Konsequenzen daraus, worauf im Epilog noch zumindest kurz eingegangen werden wird. Und auch eines der höchsten an sich selbst gestellten Ziele des Philosophen und *Schöpfers* des Übermenschen *Zarathustra*, Friedrich Nietzsche (1844–1900), war es, mit Pascal auf Augenhöhe zu philosophieren und damit die Form der Anerkennung zu erhalten, wie sie seit jeher schon Pascal erfuhr. Mehr Worte seien an dieser Stelle nicht gemacht. Dies könnte gegebenenfalls eher abschreckend auf die Leserinnen und Leser wirken. Was könnte schon ein (unser) *einfaches* Leben mit dem eines Genies zu tun haben? Wer mehr über die mathematischen, naturwissenschaftlichen, philosophischen und theologischen Leistungen und den dabei beschrittenen Wegen und Umwegen Pascals erfahren möchte, dem sei die schon erwähnte, sehr lesenswerte Biographie Pascals von Attali empfohlen. Gleiches gilt für die 2024 erschienene Betrachtung und Erörterung des Lebens und Denkens Pascals von Eduard Zwierlein. Bezüglich der wahrlich nicht einzufangenden Genialität Pascals sei an dieser Stelle als kleines *Schmankerl* noch der Hinweis auf die mit seinem Freund Artus Gouffier (1627–1696), dem damaligen Herzog von Roannez, kurz vor seinem Ableben vollzogenen Gründung des ersten öffentlichen Personennahverkehrs mit Kutschfahrten in Paris. Für das hiesige Vorhaben reicht der Blick in die Pensées, denn sie eröffnen einen Zugang zu dem *einfachen* Pascal, der auf der Suche nach Gewissheit ohne jegliche persönliche Attitüde die menschlichen Gründe und Abgründe reflektierend durchschreitet.

Im Epilog wird die von Pascal gefundene *Antwort* auf seiner Suche nach Gewissheit mit Blick auf den folgenden zweiten Band angedeutet. Diese religiös konnotierte Antwort ist nicht die einzig mögliche. Es mag eine Option für die Leserinnen und Leser sein, in einer kritischen Reflexion Spuren für eigene Antworten aufzunehmen und weiterzuverfolgen.

Abschließend zur Einleitung sei angemerkt, dass die Übersetzung und die Zählweise der angeführten Pensées auf der Ausgabe von Philippe Sellier aus dem Jahr 2016 beruhen. Der Hinweis ist deswegen bedeutsam, da es unterschiedliche Zählweisen der Fragmente gibt. Nach dem Tod Pascals wurden an die achthundert Fragmente der Pensées gefunden, die er in *Bündeln* mit Fäden zusammengesteckt hatte. Im Anschluss an den ursprünglichen Fund kam es bei der Erstellung von unterschiedlichen Kopien zu verschiedenen Reihungen dieser Bündel und einzelner Fragmente. Bei Sellier ist auf diesem Hintergrund eine ausführliche Konkordanz zu den wichtigsten Reihungen und damit Ausgaben der Pensées aufgeführt. Der Hinweis sei nochmals erlaubt, dass es sich bei den im Text angeführten Pensées in Teilen um Auszüge aus längeren Fragmenten handelt.

I Die absurde Lage des Menschen

Erster Weg: Das Schweigen der unendlichen Räume

»Das ewige Schweigen dieser unendlichen Räume erschreckt mich.«
(Frgt. 208)

»Indem ich die Blindheit und das Elend des Menschen sehe, indem
ich das ganze stumme Universum betrachte und den unerleuchteten,
sich selbst überlassenen Menschen, der sich in diesen Winkel des Universums gleichsam verirrt hat, ohne zu wissen, wer ihn dahin versetzt
hat, wozu er dort hingekommen ist, was beim Tode aus ihm werden
wird, und unfähig zu jeglicher Erkenntnis, gerate ich in Entsetzen wie
ein Mensch, den man schlafend auf eine schauerliche einsame Insel
gebracht hat und der erwacht, ohne sich auszukennen und ohne einen
Ausweg zu finden. (...)« (Frgt. 204)

»Wir brennen vor Verlangen, einen festen Grund zu finden, und einen
letzten, beständigen Stützpunkt, um darauf einen Turm zu errichten,
der sich ins Unendliche erhebe, aber unsere ganze Grundlage birst und
die Erde tut sich bis in die Abgründe hinein auf.« (Frgt. 205)

Im Zeiss-Planetarium Jena werden die Besucherinnen und Besucher
im Programm »Unser Weltall« in einem Raumschiff startend aus
Jena zunächst am Mond vorbei durch unser Sonnensystem geführt.
Die Reise geht dann über benachbarte Sonnensysteme bis hin zum
Rand unserer Galaxie. Dort angekommen verkündet die die Fahrt
moderierende Stimme: »Wir gehen davon aus, dass es noch weite-
re einhundert Milliarden Galaxien gibt.« Anschließend erfolgt der
Rückweg des Raumschiffs nach Jena. Pascal hätte diese fiktive Reise
schon wegen des Zaubers der Imagination, ausgelöst durch ein me-
chanisches Wunderwerk, fasziniert. Der Blick vom Rande unserer
Galaxie in die unendlichen Räume weiterer einhundert Milliarden
Galaxien hätte seinem in Fragment 208 geäußerten Schrecken vielleicht eine visualisierende Konkretion verliehen, die vor vierhundert
Jahren noch auf lange Sicht nicht zur Verfügung stand. Können
wiederholende *Raumfahrten* in die unendlichen Räume des Weltalls,

wie sie aus Serien und Filmen der Science-Fiction, der fiktiven oder fiktionalen Wissenschaft, bekannt sind, gegebenenfalls auf längere Sicht den pascalschen Schrecken nehmen? Oder haben die unendlichen Räume nicht längst ihren Schrecken verloren? Anders ausgedrückt: Ist oder wäre eine Beheimatung als ein *Wohnen* in und mit diesen Räumen auch dann möglich, wenn die Menschheit niemals oder nur in einem ganz geringen Ausmaß in der Realität in diese Räume vorzudringen vermag? Eine Annäherung auf diese Fragen kann dann erfolgen, wenn der Grund des pascalschen Schreckens ans Licht kommt. Liegt dieser Grund in der *Unendlichkeit* der Räume des Weltalls? Eine Unendlichkeit, die durch die wissenschaftlichen Modelle des Ausdehnens und des gegebenenfalls darauf noch folgenden Wiederzusammenziehens des Weltalls nach seiner explosiven Entstehung erklärbar sein mag. Aber ist das wirklich zu fassen, zu begreifen und zu verstehen? Haben diese erklärbaren Umstände dieser unendlichen Weite irgendeine spürbare Relevanz für das alltägliche Leben der Menschen? Wenn dies nicht der Fall ist, verleitet der Blick in den Sternenhimmel, gleich von welchem Punkt der Erde oder eben auch vom Rande unserer Galaxie aus, nicht eher zu einem Staunen, das schon Aristoteles als Ausgangspunkt allen Philosophierens und Strebens nach Erkenntnis benannte? Wäre dann nicht eher von Faszination und Staunen als von Schrecken zu sprechen? Woher also stammt der pascalsche Schrecken? Pascal spricht vom *ewigen Schweigen* der unendlichen Räume, das ihn erschreckt und in eine sein Leben bestimmende Unruhe versetzt. Doch wozu schweigen diese Räume? Und warum schweigen sie *ewig*? Aus heutiger Sicht stellt sich zudem die Frage, wie es sich mit den unendlichen virtuellen Räumen, in denen Menschen sich bewegen, verhält? Schweigen diese Räume auch? Tun sie dies, obwohl sie uns mit Informationen eher *überschütten*? In Fragment 204 führt Pascal das »ganze stumme Universum« an und es darf vielleicht heute ergänzt werden durch das unaufhörlich *schreiende* und doch im Grunde *schweigende* virtuelle Universum. Denn sind zu den grundlegenden Fragen des Lebens dort Antworten zu finden? Der schon in der Einleitung angeführte Verehrer Pascals, Albert Camus, beschreibt in seinem philosophischen Essay *Der Mythos des Sisyphos* dieses Schweigen als Ausgangspunkt des Absurden wie folgt: Der »(...) Zusammenstoß zwischen dem Ruf des Menschen und dem vernunftlosen Schweigen der Welt«. Was kann in diesem Zusammenhang *vernunftlos* bedeu-

16

ten? Kann das Schweigen selbst *vernunftlos* sein? Oder bezieht sich *vernunftlos* hier auf den Menschen als den Adressaten des Schweigens und die Tatsache der fehlenden Antwort(en) auf seinen *Ruf*? *Vernunftlos* mag also auf die Leerstelle bezogen sein, die mit den Fragen verknüpft ist, die Pascal im angeführten Fragment 204 weiter aufführt:

- Warum lebe *ich* in diesem Winkel des Universums und an diesem Ort der Welt?
- Warum lebe *ich* jetzt und nicht in einer Zeit der Vergangenheit oder der Zukunft?
- Wer hat *mir* diesen Platz und diese Zeit *meines* Lebens zugewiesen?
- Worin liegt der Sinn dieser Welt und *meines* Lebens?
- Was geschieht mit *mir* nach *meinem* Tod?

Die Menschen fragen und die Welt schweigt! Es ist keine Gewissheit über diese Fragen zu finden. Mit Pascal ausgedrückt *erwachen* wir auf der *schauerlichen Insel* unseres Lebens, ohne uns auf dieser Insel *auszukennen*. Wir *irren herum*, uns selbst überlassen, ohne Kenntnis unserer wirklichen Lebenslage. Zur Präzisierung dieser absurden Lage des Menschen seien noch zwei weitere kurze literarische Exkurse erlaubt. Beide umschreiben nochmals bildhaft die angeführte Absurdität des Lebens. José Ortega y Gasset (1883–1955), ein spanischer Philosoph der ersten Hälfte des 20. Jahrhunderts, betrachtet den Menschen und seine absurde Situation wie folgt: »Der Mensch hat die dynamische Seele eines Pfeils, der in der Luft sein Ziel verloren hat.« Das von Pascal benannte Umherirren auf der schauerlichen Insel ist hier angesprochen, ohne dass der Ausgangspunkt noch das Ziel der Reise des Lebens offenbar wird. In *Krieg und Frieden* beschreibt der russische Schriftsteller Lew Tolstoi (1828–1910) auf dem Hintergrund der auf Moskau vorrückenden französischen Armee die Lage des auf dem Schlachtfeld verwundeten Fürst Andrei, der in die Augen Napoleons schaut. Da dachte Andrei »(...) an die Nichtigkeit menschlicher Größe und an die Nichtigkeit des Lebens, dessen Sinn und Bedeutung niemand begreifen kann, und an die noch größere Nichtigkeit des Todes, dessen wahres Wesen kein Lebender zu verstehen und einem andern zu erklären vermag«. Diese *Bilder* mögen noch einmal anschaulich das vermitteln, was Pascal mit dem Erschrecken über das Schweigen der unendlichen

Räume auszudrücken versucht: die existenzielle Verlorenheit. Selbst wenn Menschen im Leben gut zurechtkommen, bleiben jene grundlegende Fragen. Diese dürfen deswegen als existenziell bezeichnet werden, da sie die Menschen aus der Anonymität der unendlichen Räume, auch der virtuellen, hervortreten und herausstehen lassen. Auf dieses Hervortreten, Herausragen und Herausstehen verweist die Bedeutung des lateinischen Begriffs *existere*. Was aber tun angesichts des Schweigens der Räume?

In Fragment 205 weist Pascal darauf hin, dass Menschen einerseits Wesen sind, die einen festen Grund suchen, eine Gewissheit angesichts dieser existenziellen Fragen des Lebens. Andererseits bleiben sie dabei Scheiternde, dort, wo sie auf festem Grund einen Turm als Sinnbild für ein stabiles und in sich sinnvolles Leben zu bauen beabsichtigen, stürzen sie wieder und wohl auch immer wieder in die Abgründe der existenziellen Verlorenheit dieser *schauerlich einsamen Insel*. Nun wäre es eine Möglichkeit, in diese Abgründe zu schauen. Die Frage stellt sich dann: Wie ist das auszuhalten? Liegt das Glück des Menschen etwa darin, sich seines Unglücks bewusst zu werden? Das mutet paradox an. Freilich gibt es auch andere Wege und Möglichkeiten, den Blick in die Abgründe der existenziellen Verlassenheit zu umgehen. Die Welt hat einiges zu bieten. Da sind beispielsweise die Ablenkung und die Zerstreuung zu nennen. Die virtuellen und medialen Räume bieten dies rund um die Uhr an. Aber auch auf den ersten Blick anspruchsvollere und mit vermeintlich mehr Niveau ausgestattete Unternehmungen wie Sport oder Reisen bieten eine große Anzahl von Möglichkeiten. Weiterhin aufzuführen sind alle Bestrebungen, mit denen sich die eigene Existenz *aufblasen* lässt: Karriere machen, Reichtümer aller Art ansammeln, körperliche und seelische Optimierung, den Gelehrten mimen, einfach irgendwo irgendwie andeuten, dass die eigene Existenz wichtig ist und damit das Leben sinnvoll erscheint. Die Menschen machen sich gerne selbst zum Narren angesichts der Flucht vor der anscheinend unausweichlichen existenziellen Verlorenheit. Der Begründer der literarischen Form des Essais, Michel de Montaigne (1533–1592), auf den Pascal sich in seinen Pensées häufiger bezieht, drückte dies in einem seiner Essais *Über Demokrit und Heraklit* wie folgt aus: »Das Besondere unseres Menschseins besteht darin, dass wir zugleich zum Lachen befähigte und lächerliche Wesen sind.« Diese Einlassung ist auf der einen Seite entlastend, auf der anderen Seite stellt sie ein wiederum erschreckendes Spiegelbild des Menschen dar. Er bleibt ein Schiffbrüchiger auf der *schauerlich einsamen Insel*. Diese ist im Grunde der *Kerker* des Menschen, dessen Betrachtung auf dem folgenden Weg mit Pascal begangen wird. Mit der Unendlichkeit der Räume, darauf sei an dieser Stelle schon hingewiesen, erfolgt eine Wiederbegegnung auf den Wegen, die sich dem Denken und der Erkenntnis widmen. Dann wird der Fokus nicht auf der Unendlichkeit der Räume und ihrem Schweigen liegen, sondern darauf, ob und wenn, was es in diesen Räumen zu erkennen gibt.

Zweiter Weg: Der Narr im Kerker

»Kerker.« (Frgt. 22)

»Man stelle sich eine Anzahl von Menschen vor, die [alle in Ketten gelegt und][1] zum Tode verurteilt sind und von denen jeden Tag einigen vor den Augen der anderen die Kehle durchgeschnitten wird, sodass die Überbleibenden ihre eigene Lage in der ihrer Mitmenschen sehen und, während sie einander mit Schmerz und ohne Hoffnung ansehen, ihrerseits darauf warten, an der Reihe zu sein!« (Frgt. 6)

»Es tut den Menschen so sehr Not, närrisch zu sein, dass es hieße, auf eine andere Art von Narrheit närrisch zu sein, wenn sie nicht närrisch wären.« (Frgt. 441)

Als Titelbild des Buches ist das Gemälde »Aschermittwoch« des Malers Carl Spitzweg (1808–1885)[2] zu erkennen. Darauf ist ein Bajazzo, zuweilen auch alternativ als *Bajass* bezeichnet, abgebildet, der in sich gekehrt in einem Kerker sitzt. Durch ein kleines vergittertes Fenster in einer Ecke am oberen Rand des Kerkers trifft durch die Tiefe des Raumes etwas Licht auf ihn. Der Begriff »Bajazzo«, bezieht sich

---

1 Ergänzung nach der Übersetzung in der Herausgabe von Ewald Wasmuth von 2001, dortige Zählung Frgt. 199. Diese Übersetzung entspricht dem Original in französischer Sprache: »Qu`on s`imagine un nombre d`hommes dans le chaines, et tous condamnés à la mort (...).«

2 Das Gemälde ist in der Staatsgalerie Stuttgart zu sehen. Seine Entstehung wird auf den Zeitraum zwischen 1855 und 1860 datiert. Auf einer Italienreise lernte Spitzweg die Gestalt des Bajazzo bei Aufführungen von Straßentheatern kennen. Der Staatsgalerie Stuttgart sei an dieser Stelle für die Freigabe des Abdrucks herzlich gedankt.

in seiner Herkunft eventuell auf *Stroh* und beziehungsweise oder *Spaß*. Assoziativ verbunden sind mit ihm Beschreibungen wie *Hanswurst*, *Clown*, *Dummer August* und *Narr*. Der Titel des Gemäldes »Aschermittwoch« deutet darauf hin, dass der Spaß der närrischen Zeit ein Ende gefunden hat. Das auf einem Sockel vor dem sitzenden Bajazzo stehende Gefäß ist wahrscheinlich mit Wasser gefüllt und somit ein Zeichen der Ausnüchterung.[3] Der Bajazzo mit den bunten Farbklecksen auf seinem Kostüm erscheint als eine traurige Gestalt, die im Kerker von dem Treiben der Welt abgeschnitten ist. Ihn umgibt eine Aura der Melancholie. Die Arme vor sich gekreuzt, sich nach vorne in sich wendend mit Blick auf den Boden wirkt er zudem nachdenklich und zuweilen kontemplativ. Dieser Bajazzo, der Narr im Kerker, darf als *ein* Sinnbild sowohl für Pascal als auch für sein Denken über die Lage des Menschen betrachtet werden. Es sei zuerst der *Kerker* in den Blick genommen, anschließend die Figur des Narren.

Fragment 22 der Pensées beinhaltet im ersten Abschnitt nur ein Wort: Kerker. Dass es dort so alleine, quasi mit einem Alleinstellungsmerkmal versehen, auftaucht, weist auf die Bedeutung hin, die es für Pascal gehabt haben muss. Am Ende des ersten Weges wurde auf die Gemeinsamkeit der Bilder, der *schauerlich einsamen Insel* und des *Kerkers* hingewiesen. Den Schiffbrüchigen wie den Eingekerkerten treffen die Einsamkeit und eine existenzielle Verlorenheit. Welche Assoziationen lassen sich darüber hinaus mit dem *Kerker* verbinden? Der Kerker ist in der Regel auch ein Gefängnis, das unsere Freiheit maßgeblich begrenzt. Dort herrscht eine andauernde Überwachung. Das Einsitzen ist zudem eine Bestrafung. Doch Bestrafung wofür? Es kommen einem die politisch Gefangenen dieser Welt vor Augen, die unschuldig und nur wegen ihrer Gesinnung in Kerkern einsitzen. Der Kerker steht auch für die Furcht vor den Kerkermeistern, den Folterknechten, wie sie Pascal in Fragment 6 beschreibt. Die Grausamkeiten dieser Welt sind damit in ihren gesellschaftlichen und politischen Dimensionen angedeutet. Pascal wendet das Bild des Kerkers noch über diese gesellschaftlichen und politischen Dimensionen unseres Menschseins auf die existenzielle

---

3 Die anbrechende Fastenzeit bezieht den Gedanken der *Buße* mit ein. Das »Asche auf mein Haupt« versinnbildlicht im Aschekreuz auf der Stirn der Gläubigen, steht für diese Umkehr mit Blick auf Ostern und damit auf Leiden, Tod und Auferstehung Christi.

Lage des Menschen an. Über die auf dem ersten Weg beschriebenen Aspekte der existenziellen Einsamkeit und Verlorenheit hinaus wird hier das Eingesperrtsein und das Ausgeliefertsein betont. Diese Ausweglosigkeit beinhaltet eine räumliche und zeitliche Dimension. Der *Kerker* steht für die sichtbaren wie unsichtbaren Grenzen des und der Menschen. Auf sich allein gestellt ist es dem Menschen nach Pascal unmöglich, die Gitterstäbe und Mauern seines Kerkers zu durchbrechen. Nochmals das Gemälde »Aschermittwoch« fokussierend: Der Bajazzo als Sinnbild des törichten Menschen mag mit seinen bunten, funkelnden Narrheiten versucht haben, die Grenzen zu durchbrechen. Er findet sich zuletzt jedoch immer wieder in seinem Kerker. Das ganze Elend der Menschen, ihre Tragik wird hier sichtbar. Der Kerker steht zum einen für die Grenzen allen menschlichen Bestrebens in seinem Leib, seiner Seele und seinem Denken. Überall stößt er an Grenzen. Mag der Drang und der Wunsch und das Bemühen, sich im Fühlen, Erkennen und selbst im Geiste einer romantischen Sympathie oder gar Symbiose mit der Welt und den Menschen zu vereinen, die Menschen fallen stets zurück in das Verlies, das Verlassensein, die Einsamkeit ihres Kerkers. Selbst in den unendlichen Weiten des Raumes bleibt diese Grenze. Und so spricht Pascal an anderer Stelle mit Blick auf die Unverrückbarkeit dieser Grenzen des Menschen »(...) von dieser kleinen Kerkerzelle, worin er sich untergebracht findet – ich meine das Universum (...)« (Frgt. 205).

Zum anderen und zugleich deutet das Bild des *Kerkers* in Fragment 6 auf die zeitliche Dimension der Endlichkeit des Lebens hin. In den Beschreibungen Pascals ist der Kerker das Gefängnis, in dem das Urteil erwartet wird. Aber ist das Urteil nicht schon gefällt? Steht nicht nur seine Vollstreckung noch aus? Doch zunächst: Worin besteht das Urteil? Das Urteil ist das stetige Nahen des Todes als Begrenzung der Zeit, die den Menschen auf der Bühne der Welt gegeben ist. Eingekerkert in den Grenzen des Denkens, des Fühlens und Wollens müssen die Menschen, wie in Fragment 6 beschrieben, die Vollstreckung dieses Urteils an den anderen Eingekerkerten zur Kenntnis nehmen. Pascal betont, dass dies mit *Schmerz* und *ohne Hoffnung* erfolgt. Der Schmerz über das Unabwendbare, welches Pascal in drastischen Worten beschreibt, in dieser letztlich gemeinsamen Hoffnungslosigkeit aller zum Tode Verurteilten, lässt eine Atmosphäre entstehen, die in sich widersprüchlich ist: Die Gemeinschaft im Absurden. Das Absurde, das auf dem ersten Wege schon genannte vernunftlose Schweigen der Welt auf die Frage und den Ruf des Menschen, kann im eigentlichen Sinne nur individuell erlebt werden. Denn es ist immer ein einzelner Mensch, der fragt, und der auf seine Frage ohne Antwort bleibt. Doch der Schmerz und die Hoffnungslosigkeit, die zwar auch eine individuelle Dimension haben, gehen über dieses Individuelle hinaus. Pascal benennt dies nicht explizit in Fragment 6. Doch diese Gemeinschaft scheint auf im gegenseitigen Ansehen »mit Schmerz und ohne Hoffnung«, das heißt im gegenseitigen Wahrnehmen und Mitleidenkönnen. Kann diese *Gemeinschaft im Absurden* die Ketten des Kerkers sprengen und trotz des Unabweislichen eine Solidarität zwischen den Menschen, warum nicht auch zwischen den Generationen von Menschen, stiften? Vermögen es die Menschen im solidarischen Handeln, im gemeinschaftlichen Aufbegehren gegen das Absurde, die Einsamkeit und existenzielle Verlorenheit der Kerker zu überwinden und dessen Grenzen zu sprengen? Oder ist das ein bleibender Traum, eine nicht endende Illusion der Menschen? Wie hat Pascal darüber gedacht? Eine Solidarität unter Menschen ohne einen Bezug zu Gott war für ihn unvorstellbar. Letztlich kann für ihn nur Gott diesen Kerker sprengen. Es bleibt hier zunächst festzuhalten: Im pascalschen Kerker vereinen sich die endlich unendliche Grenze des Raumes und die Grenze der schier unendlichen Endlichkeit des menschlichen Lebens.

Nun hinterlassen die in Fragment 6 beschriebenen Menschen nicht den Eindruck als seien sie Narren. Sind diese nicht eher im Schrecken des vollen Bewusstseins über ihre Lage Gefangene, aber eben auch über ihre absurde und hoffnungslose Lage aufgeklärte Menschen? Wie passt also der Bajazzo, der Narr in den Kerker? Pascal ist sich im Klaren darüber, dass die Menschen dem Blick in den eigenen Abgrund der absurden Lage im Kerker nicht standhalten können. Menschen neigen im Allgemeinen zur Flucht vor dieser Tatsache und zur Einbildung falscher Tatsachen, zu Illusionen. Sie sind wahre Künstler im sich und anderen etwas Vorgaukeln, eben, dass dieser Kerker mit seinen räumlichen und zeitlichen Grenzen eigentlich gar nicht existiert. In diesem Vorgaukeln zeigen die Menschen sich nicht nur als vorspielende Gaukler, sondern letztlich als Narren. Aus dieser von Pascal genannten Motivation heraus lässt sich das *Lob der Torheit* des Erasmus von Rotterdam, ein echter Bestseller zu Beginn des 16. Jahrhunderts, verstehen. Dort wird die Torheit als oberste Tugend des Lebens gepreist. Nacheinander werden alle Stände der Menschen, vom Fürsten bis zum Bettelmann, im wahrsten Sinne *durch den Kakao gezogen* und ihrer eher stolz vor sich hergetragenen edlen Tugenden demaskiert. Ob Pascal diese Lektüre kannte? Es ist davon auszugehen, aber zumindest in den Pensées gibt es dazu keinen Anhaltspunkt. Was er aber kannte, war der Roman *Don Quijote* des Miguel de Cervantes, der Anfang des 17. Jahrhunderts in zwei Bänden veröffentlicht wurde und par excellence einen Narren, den die dichtende Illusion von der Wahrheit nicht mehr unterscheiden könnenden *Ritter von der traurigen Gestalt*, als ein Sinnbild des Menschen beschreibt. Pascal entdeckt in der Narrheit der Menschen jene große Not, sich von seiner mit Schmerz und Hoffnungslosigkeit geprägten absurden Lage abwenden und befreien zu wollen. In diesem Sinne wäre es im eigentlichen Sinne wiederum närrisch und töricht, dies nicht zu tun.

Pascal weiß um seine eigenen Narrheiten. In der Figur des Bajazzo treffen wir auf Pascal. Er, dieses schon in jungen Jahren große Genie der Mathematik und Physik, ließ sich die Bewunderung, die ihm die Menschen und die Gesellschaft entgegenbrachten, für eine kurze Phase weniger Jahre zu Kopfe steigen. Er genoss diesen Zuspruch, war gewandt im Umgang der höheren gesellschaftlichen Kreise und des Tête-à-Tête im mondänen Paris. Zudem hoffte er, sicherlich nicht ganz unbegründet, auf eine gute Partie, ja er war auch verliebt und baute in Gedanken an einer bürgerlichen Existenz in den besten Kreisen. Doch Pascal wurde bitterlich enttäuscht und bestrafte sich selbst mit einer *Buße* des weitestgehenden Rückzugs aus den gesellschaftlichen Kreisen, wogegen er seine naturwissenschaftlichen Arbeiten weiterführte. Er erkannte, dass diese Welt der Gesellschaft ein närrisches Treiben und Theater der Zerstreuung und der Macht ist, das den Menschen nur von sich selbst entfremdet. So verschrieb er sich der Suche nach einer fundierten Gewissheit in seinem Leben in einer Klarheit über die Lage des Menschen und der Suche nach Gott. Von all diesen Bewegungen im Leben Pascals zeugen seine Pensées: Sie sind eine Meditation von Gedanken über den Menschen, Gott und die Welt, auch auf dem Hintergrund der Reflexion seines eigenen Lebens als das eines Narren, eines Bajazzo.

Und treffen wir in der Figur des Bajazzo nicht auch auf uns selbst? Denn: Im Blick Pascals steht der Bajazzo in seiner Narrheit, wie schon erwähnt, sinnbildlich für den und die Menschen. Pascal kennt, auch aus eigener Erfahrung, die *Schwäche* der Menschen, in der Gemeinschaft und Gesellschaft Anerkennung und Wertschätzung finden zu wollen. Dafür geben und spielen sie oft den Bajazzo und den Narren, ohne sich selbst dabei über die Unsinnigkeit ihres absurden und zuweilen albernen Tuns zu hinterfragen. Bleibt tatsächlich eine andere Wahl? Die gesellschaftlichen Dinge wie Arbeit und Freizeit, Familie und Vereine fordern ihren Tribut an Aufmerksamkeit und Mitwirkung. Wer sich ihnen zu entziehen beabsichtigt, wird nach deren Spielregeln als ein Narr angesehen. Es mag so etwas geben wie die Notwendigkeit des Mitschwimmens im Strom der Zeit. Die pascalsche Frage aber ist: Fliehen die Menschen nicht gar in diese Narrheiten, um dem Blick auf ihre existenzielle Lage zu entgehen? Um welche Narrheiten handelt es sich dabei? Auf diese Frage wird in den kommenden beiden Wegen ausführlicher eingegangen. Am Ende dieses Weges folgt noch ein kurzer Exkurs für diejenigen Leserinnen und Leser, die auch an der religiösen Ader Pascals Interesse finden können.

Kurzer Exkurs am Ende dieses Weges

Die Narrheit des Menschen kann mit Pascal auch aus einer weiteren Perspektive betrachtet werden. Ausgangspunkt ist dabei das alttestamentliche Verständnis vom *Narren*. Es ist gekennzeichnet von dessen Torheit und unverbesserlicher Unverständigkeit. Der von der göttlichen Weisheit geleitete Mensch wird dabei dem Narren entgegengestellt. »Der Narr spricht in seinem Herzen: »Es gibt keinen Gott.«" (Ps 14,1) Die Weisheit hingegen ist verbunden mit der *Furcht* Gottes: »Die Furcht des Herrn ist der Anfang der Weisheit; alle, die danach leben, sind klug. Sein Ruhm hat Bestand für immer.« (Ps 111,10) *Furcht* bezeichnet in diesem Zusammenhang nach Pascal die von Gott im Menschen angelegte, aus dem Glauben und einem Vertrauen entspringende Hoffnung, die das Leben leitet. Dieser *guten Furcht* setzt er eine *falsche Furcht* entgegen, die im Zweifel an Gottes Existenz gründet. »Die einen fürchten, ihn (Gott – Anm. E.M.) zu verlieren, die anderen fürchten, ihn zu finden.« (Frgt. 736) Die *falsche Furcht* treibt den Menschen vor sich her, ruhelos wandelt er in den Grenzen seines Lebens, um ja nicht Gott zu begegnen und zu finden. Findet auch diese *falsche Furcht* des so verstandenen Narren ihren Ausdruck im *Kerker*, dem im Gemälde von Spitzweg begegnet wird?

Dritter Weg: Die Langeweile, die Zerstreuung und die Eitelkeit

»Wir laufen sorglos in den Abgrund hinein, nachdem wir etwas vor uns aufgestellt haben, um uns davon abzuhalten, ihn zu sehen.« (Frgt. 24)

»Lage des Menschen – Unbeständigkeit, Langeweile, Unruhe.« (Frgt. 58)

»Ohne Zerstreuung gibt es keine Freude. Mit Zerstreuung gibt es keine Traurigkeit.« (Frgt. 177)

Das Bild des Bajazzo, des Narren im Kerker, wieder aufgreifend wird nach der auf dem vorherigen Weg ausgeführten Beschreibung und Erörterung des *Kerkers* nun eingehender nach den Narrheiten des Menschen gefragt. Diese Narrheiten, mit denen viele Menschen in der Regel einen sicherlich nicht unbeachtlichen Teil ihrer Lebenszeit verbringen, prägen eben nicht unwesentlich die Lage des Bajazzo, also des Menschen insgesamt. Auch die anzunehmend allen Menschen zufallende und gegebene Ahnung, dass alle Versuche, dem Blick in den Kerker und damit der Einsicht in die existenzielle Verlorenheit der absurden Lage zu entgehen, letztlich zum Scheitern verurteilt sind, verhindert eben das stetige neue Versuchen nicht. Die Versuchung ist einfach zu groß. Genau diesen Umstand spricht Pascal in Fragment 24 an. Der »Abgrund« steht hier für die absurde Lage des Menschen. Anstatt in ihn hineinzuschauen und sich dieser Lage bewusst zu werden, stellen wir *Dinge* vor uns auf, um erst gar nicht hineinzublicken. Und darin sind Menschen sehr erfinderisch. In diesem Sinne »sorglos«, also der eigenen Lage unaufmerksam und unachtsam begegnend, erfolgt das Laufen in den Abgrund. Oder ist es eher ein sanftes Hinabgleiten ohne große Aufregungen und ohne ein großes Aufbegehren? Fragment 58 beschreibt die Ausgangslage für dieses Ablenken und Vermeiden des Blicks in den »Abgrund«. Die Lage des Menschen ist nach Pascal geprägt von Unbeständigkeit, Langeweile und Unruhe. Die Unbeständigkeit basiert unter anderem auf den schwankenden Stimmungen, die niemandem fremd sind.

Stimmungen und Emotionen, die wiederum mit komplexen psychosomatischen Zuständen zusammenhängen, bestimmen unseren Alltag. Hinzu kommt die mangelnde Konzentrationsfähigkeit. Deren Länge oder eben Kürze ist bei jedem Menschen unterschiedlich. Dies kann viele Ursachen haben. Zu nennen ist da die soziale Lage, die räumlich und zeitlich das Konzentrieren auf eine Sache befördert oder behindert, wenn nicht gar verhindert. Gesundheitliche Voraussetzungen und genetische Dispositionen spielen eine wichtige Rolle. Doch eines gilt bei allen Unterschiedlichkeiten: Die Zeit und der *innere* Raum für die Konzentration sind begrenzt. Dagegen *ist kein Kraut gewachsen*, da hilft auch letztlich kein Aufpeppen des Körpers oder der Psyche zur Steigerung unserer mentalen Leistungen. Auch die Aussicht der Inanspruchnahme bisher so vieler ungenutzter Bereiche des Gehirns werden diesen Umstand nicht aufheben. Zu dem Mangel an Konzentrationsfähigkeit gesellt sich zudem auch der der Willenslosigkeit. Es fehlt einfach auch die Beständigkeit des Willens, sich andauernd mit einer Sache zu beschäftigen. Irgendwann tritt der Moment ein, indem eine Sache Verdruss und Überdruss bis zum Ekel bereitet, so sehr sie auch vorher das Interesse, die Neugier und das Staunen erregt haben mag. Was dann kommt, ist eine ersehnte Langeweile, die tatsächlich am Anfang zu beglücken scheint. Eine lange Weile, die verspricht, die Welt, die Menschen, die Dinge und sich selbst endlich so sein lassen zu können, wie sie sind. Aber genau das gelingt nur eine kurze Weile, denn dann tritt die Unruhe wieder ein. Und diese Unruhe basiert darauf, dass sich wieder der Abgrund des Kerkers auftut, was unerträglich erscheint. Und schon öffnet sich die *Büchse der Pandora* der Zerstreuung, der Täuschungen, der Illusionen und der Einladungen zu einer Vielzahl von Narrheiten. Tatsächlich bewahrheitet sich in diesem genannten Zusammenhang die Interpretation dieses Mythos seitens des Pascalverehrers Camus. Camus spricht von der Hoffnung als dem letzten Übel, das beim Öffnen der *Büchse* die Menschen überfiel. Auf was anderes können Zerstreuung, Täuschungen, Illusionen und anderes zielen als auf die Hoffnung, dem Blick in den »Abgrund« entgehen zu können. Wie in Fragment 177 ausgeführt verheißt die Zerstreuung einen Zustand der Freude bei gleichzeitiger Vermeidung von Traurigkeit. Welche Formen könnten dieses Ablenkungsmanöver der Zerstreuung heute annehmen? Wie kann Traurigkeit vermieden und Freude generiert werden?

Schon von Beginn des Lebens an korrespondiert die Freude vermeintlich mit der Entwicklung der gegebenen und angeborenen Fähigkeiten in der Ausprägung der damit verbundenen Talente. Heutzutage wird dieser Prozess in der Regel mit Kompetenzentwicklung beschrieben. Eltern, Einrichtungen der so genannten Kindheitspädagogik wie beispielsweise Kinderkrippen, Kindergärten, Kindertagesstätten, dann später auch Schule, Sportvereine, begleitender Musikunterricht; alles steht in den Diensten der Kompetenzentwicklung. Werden nicht schon früh Kinder und Jugendliche auf diese *Freude* hin gedrillt. Hinzu kommt die Förderung der Gesundheit, denn ein gutes Leben benötigt neben dem Erfolg der Ausbildung der Talente auch die Gesundheit. Die Gesundheit erscheint dabei als das zentrale individuelle und gesellschaftliche Ideal eines Lebens mit Freude und ohne Traurigkeit. Und dies durch alle Lebensalter hindurch. Sie ist zudem *das* Bollwerk gegen den »Abgrund«, das Hinauszögern des Moments, an dem das *an der Reihe sein im Kerker* eintritt. Die Sport- und Gesundheitswirtschaft hält hierfür ein breites Spektrum an Möglichkeiten der Steigerung oder eben Sicherung der Gesundheit vor. Die Gesundheitsvorsorge und -förderung begleitet das gesamte Leben. Ist die Ausbildung der Kompetenzen in den Kompetenzzentren der Gesellschaft, von der Kinderkrippe bis zur Universität, irrtümlich auch Bildungseinrichtungen genannt, abgeschlossen, geht es um den Erfolg im Beruf, was auch Karriere genannt wird, Geldanlagen und gegebenenfalls um Partnerschafts- und Familienplanung. Bei aller Heterogenität der heutigen Lebensentwürfe steht dabei immer eines im Mittelpunkt der Aufmerksamkeit: sich Sorgen zu machen um die eigenen Lebensumstände. Dieses gesellschaftlich geförderte Projekt *Freude statt Traurigkeit* stößt zuweilen in bestimmten Lebensphasen wie beispielsweise der Pubertät oder auch in der Krise der Lebensmitte oder beim unausweichlichen Blick auf das Lebensende bitter auf, eine Art *existenzielles Sodbrennen*. Doch auch dann stehen, sogar bis zum Schluss, zahlreiche weitere Formen der Zerstreuung zur Verfügung, von Reisen über gesellschaftliche Events wie beispielsweise Musikfestivals bis zu den geheiligten medialen Unterhaltungen. Im Kern hat Pascal diesen *Lebensplan* schon zu seiner Zeit in der damaligen Gesellschaft als ein gängiges Lebensskript erkannt. Er beschreibt dies ausführlich in einem Fragment, das wie folgt endet: »Wie ist das Herz des Menschen doch hohl und voller Unrat.« (Frgt. 180) Er lässt aber durchaus keinen Zweifel daran, dass für viele Menschen ein Leben ohne diese fundamentalen Zerstreuungen, seien sie teils eben mehr bürgerlich oder teils mehr avantgardistisch, teils mehr niveauvoll oder teils mehr niveaulos, ein Entsetzen und eine maßlose Traurigkeit hervorbringen würde. Das ist wohl die *Zwickmühle* des Lebens. Entweder in der vermeintlich freudigen Zerstreuung in einem Dämmerzustand dem Lebensende zusteuern oder sich ohne jede Garantie auf Freude oder Glück auf die Suche nach einer Gewissheit des Lebens aufmachen. Auch das gehört zur Lage des Menschen. Auf eines soll in diesem Kontext des Projektes *Freude statt Traurigkeit* noch hingewiesen werden, nämlich dessen *Kollateralschäden*. Denn zuweilen fördern diese Zerstreuungen der Entwicklung der eigenen anzunehmenden Talente, des beruflichen Erfolgs und einer stets auf Gelingen hin ausgerichteten Lebensplanung eine unreflektierte und ungebremste Ichbezogenheit, die in der Gesellschaft samt seines Wirtschaftssystems geradezu sagenhafte Entwicklungsmöglichkeiten vorfindet. Führt die geniale Verknüpfung von *Besitz* und *Ruhm* gepaart mit *Eitelkeit*, allesamt besonders effektive Formen der *Zerstreuung*, nicht zu Unheil? Pascal beschreibt das so: »*Dieser Hund gehört mir, sagten diese armen Kinder. Das da ist mein Platz an der Sonne. Das sind der Anfang und das Abbild der Usurpation der ganzen Erde.*« (Frgt. 98) Jegliche Form der Ausbeutung von Menschen und der Natur basiert auf dieser Inbesitznahme. Dass unsere Eitelkeiten sich nicht nur auf die eigene gesellschaftliche Anerkennung, den individuellen Erfolg, unseren Besitz und die Ehre beziehen, ist offensichtlich. Auch weit schmeichelhaftere Angelegenheiten wie die Liebe sind davon betroffen. Auch dort ist der Ausgang ungewiss. Klar ist nur, dass im ungünstigen Falle die eigene Eitelkeit sich in Fallstricken verfängt. Das meint wohl Pascal in dem folgenden Gedankengang:

> »Wer die Eitelkeit des Menschen vollauf kennenlernen will, muss nur die Ursachen und Wirkungen der Liebe betrachten. Ihre Ursache ist ein *gewisses Etwas*. (...) Und ihre Wirkungen sind entsetzlich. Dieses *gewisse Etwas*, eine so geringe Sache (...) rührt die ganze Erde, die Fürsten, die Armeen, die ganze Welt auf.« (Frgt. 442)

Das von Pascal genannte *gewisse Etwas* bezieht sich auf eine Darstellung des Dramatikers Pierre Corneille (1606–1684), der von einem unaussprechlichen und überraschenden Moment des Verliebtseins als *gewissem Etwas* spricht. Kann es eine bessere Zerstreuung und

Ablenkung vom Blick in den »Abgrund« und auf die existenzielle Lage geben? Die Folgen dieser Verzückung und *Entrückung* sind für Pascal verheerend. Nicht nur das Potenzial persönlicher Verletzungen unserer Eitelkeit, auch das der Verstrickungen der Liebe mit ihren maßlosen Versprechungen und den gegebenenfalls daraus entstehenden Desillusionierungen und Enttäuschungen ist immens. Darüber hinausgehend kann das Spiel von Liebe und Eitelkeit die ganze Welt verändern. So endet das gerade zitierte Fragment mit folgendem Satz: »Wenn die Nase von Kleopatra kürzer gewesen wäre, hätte sich das ganze Gesicht der Erde geändert.« Um diese Nase ranken sich viele Erzählungen. Sollte tatsächlich ihre *längliche* Nase den Charakter ihres Gesichtes und damit ihre Ausstrahlung auf Julius Cäsar und Marcus Antonius wesentlich im Sinne von bezaubernd und vereinnahmend bestimmt haben, hätte eine kürzere vielleicht tatsächlich die Geschichte anders verlaufen lassen. Die Liebe, sei sie glücklich oder unglücklich, ist auf jeden Fall eine hervorragende Form der Zerstreuung. Der schon erwähnte spanische Philosoph Ortega y Gasset nannte sie eine *psychische Angina*. In ihr kristallisiert sich die Hoffnung auf Freude und auf das vermeintliche Glück des Lebens.

Über diese Brücke der Verbindung von Liebe und Glück richtet sich der Blick auch schon auf den nächsten *Weg*, der der Suche nach dem Glück beziehungsweise Unglück der und des Menschen gewidmet ist. Nach all den auf diesem Wege jetzt mit Pascal vorgetragenen Abwägungen ist am Ende doch im Letzten die folgende Frage noch nicht entschieden: Verhindert oder fördert die Zerstreuung das Glück? Das zu entscheiden, hängt davon ab, wer was unter *Glück* überhaupt versteht. Selbst Pascal bleibt zuweilen in der Schwebe. Auf der einen Seite erscheinen die von mangelnder Konzentration und der Vielzahl der Sinneseindrücke hervorgebrachte Unbeständigkeit, die immer wieder heranschleichende Langeweile und die Zerstreuung dem Glück entgegenzustehen, wenn Pascal ausführt, er habe »(...) oft gesagt, dass das ganze Unglück des Menschen einzig davonkommt, nicht ruhig in einem Zimmer bleiben zu können.« (Frgt. 177) Auf der anderen Seite bleibt es aber offen, ob die Menschen, die beginnen, über die Lage ihrer *Kerker* samt ihrer existenziellen Verlorenheit nachzudenken, wirklich glücklicher zu nennen sind als jene, die sich der Zerstreuung hingeben. Denn: »Da die Menschen den Tod, das Elend, die Unwissenheit nicht haben heilen können, sind sie darauf verfallen, gar nicht daran zu denken.« (Frgt. 175) Und: »Wenn unsere Lage wahrhaft glücklich wäre, bräuchten wir die Gedanken daran nicht zu zerstreuen, um uns glücklich zu machen.« (Frgt. 730) Ist es nicht ein großes Glück, in der Gegenwart über so viele Möglichkeiten der Zerstreuung zu verfügen? Ist auf diesem Hintergrund nicht auch folgende Aussage Pascals zutreffend: »Der Tod ist leichter zu ertragen, wenn man nicht an ihn denkt, als der Gedanke an ihn, wenn man außer Gefahr ist.« (Frgt. 179) Wer schon einmal in Todesgefahr geschwebt hat, kann hierzu gegebenenfalls fundiert Stellung beziehen. Jedenfalls erscheint der Kern der Aussage nicht ganz abwegig. Die entscheidende Frage im Hintergrund bleibt: Was ist das Glück? Denn nur, wenn diese Frage beantwortet wird, kann auch das vermeintliche Unglück bestimmt werden. Eine schwierige Angelegenheit wartet da auf dem folgenden Weg, wofür hier ein kurzer Hinweis genügen mag: Schon im Jahrhundert vor Christi Geburt zählte der zu seiner Zeit als Universalgelehrter hoch angesehene Marcus Terentius Varro (116–27 v. Chr.) zweihundertachtundachtzig Antworten auf die Frage nach dem Wesen und der Substanz des Glücks.

Vierter Weg: Das Glück

> »Alle Menschen streben danach, glücklich zu sein. Dies gilt ohne Ausnahme, welch unterschiedliche Mittel sie hierfür auch einsetzen. Sie alle streben das Ziel an. (...) Und dennoch ist seit einer so großen Anzahl von Jahren niemand an den Punkt angelangt, auf den alle beständig hinzielen. (...) Was also ist es, dass uns diese Gier und dieses Unvermögen zurufen, wenn nicht, dass es einst im Menschen ein wahrhaftes Glück gegeben hat, von dem ihm jetzt nichts als Zeichen und die gänzlich unausgefüllte Spur verbleiben (...).« (Frgt. 218)

> »Daher leben wir nie, sondern hoffen darauf, zu leben, und da wir allzeit verfügen, glücklich zu sein, ist es unvermeidlich, dass wir es nie sind.« (Frgt. 80)

> »Das Glück ist weder außerhalb von uns noch in uns. Es ist in Gott, sowohl außerhalb von uns als auch in uns.« (Frgt. 436)

Es ist so eine Sache mit dem Glück. Jede und jeder hat damit so ihre beziehungsweise seine ganz eigenen Erfahrungen gemacht. Lässt sich überhaupt abstrakt irgendetwas Gehaltvolles über das Glück sagen? Liegt es im Augenblick oder in der Dauer? Kann das Glück in der Gegenwart präsent sein oder ist es nur in der Vergangenheit zu finden? Ist das Glück ein Gefühl oder ist es eine Einsicht, eine Erkenntnis? Gibt es nur ein individuelles Glück oder auch ein gemeinschaftliches? Ist Glück teilbar oder auch mitteilbar? Kann das Glück eines anderen Menschen also verstehend geteilt werden? Und worin soll das Glück bestehen? Ist die eine Liebe das Glück eines Lebens? Sind es die Kinder? Wird das Glück im beruflichen Erfolg, in Geld und Anerkennung oder in besonderen sportlichen oder künstlerischen Leistungen und Auszeichnungen gefunden? Liegt das Glück in uns selbst oder außerhalb von uns? Ist es machbar, produzierbar oder ereilt es uns als Geschenk oder gar Gnade des Lebens? Besteht die Höchststrafe des Lebens gar darin, an seinem Glück vorbeizugehen, ohne es zu erkennen? Diese Fragen wären ohne weiteres so fortzuführen. Es ließe sich spielend ein Katalog der Fragen zum Glück erstellen. In dieser Möglichkeit bestätigt sich die Feststellung Pascals in Fragment 218, dass die Menschen wohl ohne Ausnahme nach dem Glück streben, ja sie sozusagen vehement danach gieren. Und diese Gier ist gepaart mit Unvermögen. Wir wissen demnach zuverlässig weder, worin das Glück letztlich bestehen könnte, noch, wie wir es finden sollen. Der Theologe Karl Rahner (1904–1984) geht in einer Erörterung zur Selbstverwirklichung einen Schritt weiter:

> »Man hat manchmal den Eindruck, dass Menschen sehr oft unglücklich werden, weil sie um jeden Preis glücklich werden wollen. Sie leiden nämlich unter Frustrationsangst: Sie fürchten, es könnte ihnen etwas entgehen, was sie nicht erlebt haben, bevor sie gehen müssen; sie wissen dabei, dass sie bald gehen müssen und dass die Zeit nicht mehr lange vorreicht, in der etwas passieren kann, was glücklich macht.«

Mit Blick auf die Endlichkeit des eigenen Lebens steigt eventuell der Frust einer bisher vermeintlich geringen Lebensausbeute an Glück und die Angst, es zu verpassen, bemächtigt sich unserer. Ist es dann nicht so, wie Pascal es in Fragment 80 ausdrückt, dass Menschen unfähig werden ihr Leben zu leben, da sie ein *wirkliches* Leben mit dem Glück verbinden, welches jedoch unverfügbar und unerreichbar ist. Daher verharren sie unglücklich in einer anhaltenden Hoffnung auf ein Leben im Glück. Welch sinnloses und uns am Leben hinderndes Streben, über dessen Unzulänglichkeit Bertold Brecht (1898–1956) in *Das Lied von der Unzulänglichkeit menschli-*

chen Strebens zusammenfassend folgenden Rat erteilt: »Ja, renn nur nach dem Glück, doch renne nicht zu sehr! Denn alle rennen nach dem Glück, das Glück rennt hinterher.«

Ist damit über das Glück und die Suche nach ihm schon alles gesagt? Braucht es an dieser Stelle nicht auch einen Einspruch gegen Pascal? Gibt es nicht auch eine aufbauende und erhellende Perspektive? Sind diese Suche und das Streben nach Glück etwa verächtlich? Oder liegt darin nicht auch oder vielmehr die Größe des Menschen? Imre Kertesz (1929–2016), der ungarisch-jüdische Schriftsteller, Überlebender der Shoa und Literaturnobelpreisträger von 2002 beschreibt diese Größe am Ende seiner Tagebuchaufzeichnungen: »Solange du lebst, sei glücklich, weil allein das Glück des Lebens würdig ist, sonst vegetierst du würdelos...«

Ein Leben ohne das Glück und die Suche nach ihm wäre Kertesz nach gleichzusetzen mit einem Verlust an Würde, eben einem Dahinvegetieren wie Seetang, der zum Spiel der Wellen zwischen Ebbe und Flut wird. Die Suche nach dem Glück beinhaltet den Versuch einer Selbstbehauptung, den Strömungen des Lebens und der Lebensumstände etwas entgegensetzen zu können, herauszuragen aus der schon genannten Anonymität eines bloßen Seins, erkennbar zu sein, ja wiedererkennbar für andere Menschen und sich selbst. Sind daher auch die Fragen nach der eigenen Identität, nach der Selbstbestimmung und nach einem Sinn und Grund des Lebens nicht mit der Suche nach dem Glück verbunden? In dem Gedicht *Böhmen liegt am Meer* von Ingeborg Bachmann (1926–1973), der aus Klagenfurt stammenden Lyrikerin und Prosaschreiberin, steht dieses *Böhmen*, das ja niemals am Meer liegen kann, genau für diese Verbindung von Glück, Sinn, Grund, Identität und Würde. Sie fragt aus einer existenziellen Verlassenheit und ihrer eigenen Verlorenheit in die Selbstverstrickungen heraus nach jenem Ort, wo sie ihre Grenze und damit ihre Identität findet. Dieser Ort, *Böhmen*, liegt am *Meer* ihrer Sehnsucht. Mit ihm verbindet sie das Glück der Weite des Himmels und des Meeres. Findet sie dort einen Grund, ihren Grund, der ihrem Leben einen Sinn schenkt? Eine Strophe des Gedichtes lautet:

> »Zugrund – das heißt zum Meer, dort find ich Böhmen wieder.
> Zugrund gerichtet, wach ich ruhig auf.
> Von Grund auf weiß ich jetzt, und ich bin unverloren.«

Ist dieses *Böhmen am Meer* der imaginäre Ort jenes Glücks, das im pascalschen Sinne dennoch unauffindbar bleibt?

Die Suche nach dem Glück ist demnach eine existenziell verzehrende Sisyphosarbeit. Sie gelangt nie an ein *glückliches* Ende und erhält immer wieder Rückschläge. Dennoch: Immer wieder beginnen Menschen sie von neuem. So eben wie Sisyphos stets neu beginnt. Er, der nach der griechischen Mythologie von den Göttern dazu verurteilt ist, unablässig einen Felsblock einen Berg hinaufzuwälzen, der am Gipfel angekommen zugleich wieder ins Tal hinabrollt. Es erscheint absurd, wenn Camus am Ende seines philosophischen Essays *Der Mythos des Sisyphos* schreibt: »Wir müssen uns Sisyphos als einen glücklichen Menschen vorstellen.« Die Tragik dieses Geschehens gleicht der der Glückssuche der Menschen. Ist nicht das Suchen selbst schon das Glück? Liegt mit Bezug auf das Nachsinnen von Kertesz` nicht das *Glück* der Würde des Menschen im Aufbegehren gegen das absurde *Dahinvegetieren*? Und dennoch bleibt auch an dieser Stelle da ein Schleier der Schwermut, der stark an das Bild des Bajazzo im Kerker erinnert. Die Suche nach dem Glück hängt mit der existenziellen Verlorenheit des Kerkers zusammen. Sehnsucht, Würde und Tragik spiegeln sich darin.

Auf einen weiteren Blick von Pascal auf das Glück im vorab angeführten Fragment 218 sei nun eingegangen. Die Sehn*sucht* nach dem Glück ist allen Menschen gemein, in einem gewissen Sinne vereint sie diese in einer Gemeinschaft der Glückssuchenden. Und gleichzeitig vereinzelt diese Sehn*sucht*, wie jede *Sucht*, die Menschen. Sie wird individuell erlitten. In ihr offenbart sich der Kerker der existenziellen Einsamkeit und Verlorenheit. Dieses gemeinschaftliche und gleichzeitig individualisierende *Großmanöver Glück* offenbart mit Bezug auf das Ende des genannten Fragments noch eine weitere Dimension. Nehmen wir als *Deckname* für dieses Großmanöver das *Verlorene Paradies*. Spricht Pascal nicht genau dieses an, wenn er davon ausgeht, dass die *Gier* und das gleichzeitige *Unvermögen* der Glückssuche auf den Verlust eines *wahrhaften* Glücks im Menschen hinweisen? Ist damit ein Wink zum Paradies, dem ursprünglichen Garten Eden als Ort einer *Einheit in aller Vielfalt* gegeben, in dem eine existenzielle Einsamkeit noch unbekannt war? Als Kertesz über die Würde und das Glück nachdenkt, schaut er wohl nicht ganz zufällig aus seinem Arbeitszimmer in den Garten. Welche Assoziationen auch immer mit dem Paradies, dem Garten eines ursprünglichen und wahrhaften Glücks verbunden sein mag, es sind nur noch bruchstückhafte Zeichen davon in uns, die diese unstillbare Sehnsucht nach dem *Glück*, was immer jetzt – nach dem Fall aus dem Paradies – darunter verstanden sein mag, in uns speist. An dieser Stelle sei mit einem Bonmot des von Pascal in aller Ambivalenz verehrten wie auch verachteten Michel de Montaigne, dem Begründer der literarischen Gattung des Essays, in seinen Selbstreflexionen ein Trost für alle Glückssuchenden ausgesprochen. Es könnte ja doch mit dem Glück und der Suche nach ihm gelingen. Aber auch dann wäre Vorsicht geboten: »Im Übermaß genossen wird selbst das Glück zur Bürde.« Soweit sollte es keinesfalls kommen.

Mit Bezug auf das dritte, anfangs auf diesem *Weg* angeführte Fragment 436 bleibt auch im Kontext der bisherigen Ausführungen festzuhalten: Alleine und aus eigenem Vermögen ist nach Pascal das Glück nicht zu finden. Weder in uns noch außerhalb unserer selbst. Was aber mag dann mit der zunächst doch seltsam und rätselhaft klingenden Formulierung gemeint sein, dass das Glück in Gott zu finden sei, sowohl in als auch außerhalb unserer selbst? Das ist vielleicht unter der Voraussetzung zu verstehen, wie Pascal *Gott denkt*. Schon in Fragment 1, direkt am Anfang der Pensées, wird dies deutlich. Dort spricht er vom »Deus Absconditus«, vom verborgenen Gott. Das heißt, Gott ist unverfügbar, eine *Anwesende Abwesenheit*. Und das Glück liegt demnach in dieser Unverfügbarkeit, die dennoch in und außerhalb unserer selbst anwesend ist. Demnach wäre das Glück doch immer schon nah, aber nicht erkennbar und nicht begreifbar. Aus diesem Dilemma gibt es für Pascal zunächst keinen Ausweg. In den Pensées, in denen er gezielter auf die Erkenntnis Gottes eingeht, wird er Christus als den Zugang zu dieser Erkenntnis beschreiben. Dennoch bleibt auch dann Gott immer noch der *Deus Absconditus*.

Vielleicht lässt sich dieses Denken Gottes bei Pascal aus einer anderen Perspektive noch eingehender begreifen. Dies mag eventuell auch für jene interessant sein, die generell mit dem Glauben an Gott oder überhaupt einem Denken an Gott im Grunde nichts zu tun haben. Es könnte zumindest lohnend sein, den Gedankengang nachzuvollziehen. Der französische Philosoph Emmanuel Levinas (1906-1995) führt in *Totalität und Unendlichkeit* aus: »Der Atheismus ist die Bedingung für eine wirkliche Beziehung mit einem wahren Gott καθ αὐτό.« Ist das nicht eigentlich in sich absurd?

Was kann damit gemeint sein? Levinas spricht hier davon, dass eine Beziehung mit einem sich von sich aus offenbarenden (καθ αὐτό im Sinne wahren) *Gott* nur jenseits einer Objektivierung und damit substanziellen Zuschreibung *Gottes* möglich ist. Gott ist nicht wesenhaft anwesend, sondern im pascalschen Sinne in einer nicht auflösbaren Verborgenheit. Über und von *Gott* sprechen heißt dann so sprechen, als ob es *ihn* als erkennbares und identifizierbares Wesen gar nicht gäbe, eben a-theistisch. Gott als der beziehungsweise die oder das *Absolut Andere*, das dennoch *da* ist. Schon bloß der Name *Gott* bezeichnet in seinem Namen und als Begriff selbst ja nichts im substanziellen Sinne. Vielleicht ermöglicht ein solches Denken neue Bezugspunkte zum eigenen Bedenken *Gottes*. Eine *Anwesende Abwesenheit*, in der selbst das Glück in seiner Unverfügbarkeit aufbewahrt ist, in und außerhalb unserer selbst und dennoch unbegreifbar.

II Die Sternschnuppen der Erkenntnis

Fünfter Weg: Das Denken

»Der Mensch ist nur ein Schilfrohr, das schwächste der Natur, aber er ist ein denkendes Schilfrohr. Es ist nicht nötig, dass das gesamte Universum sich rüstet, um es zu zermalmen, ein Dampf, ein Wassertropfen genügt, um ihn zu töten. Aber wenn das Universum ihn zermalmen würde, wäre der Mensch immer noch edler als das, was ihn tötet, da er ja weiß, dass er stirbt, und welchen Vorteil das Universum ihm gegenüber hat. Das Universum weiß davon nichts.« (Frgt. 206)

»Unsere ganze Würde besteht also im Denken. Daran müssen wir uns wieder aufrichten, und nicht in Raum und Zeit, die wir nicht ausfüllen können. Arbeiten wir also daran, gut zu denken.« (Frgt. 207)

»Begrenzt, wie wir in jeder Hinsicht sind, findet sich dieser Zustand, der die Mitte zwischen zwei Extremen einnimmt, in allen unseren Potenzen.« (Frgt. 205)

Anfangs der Einleitung zu den Wegen mit Pascal wurde anhand des ersten Satzes des Fragments 206 ein Spannungsbogen menschlichen Existierens gezogen. Der zerbrechlichen Natur des Menschen als *Schilfrohr* steht die mit dem Denken verbundene, ja in ihm liegende Größe und Würde wenn nicht entgegen, so doch zur Seite. Die weiteren Ausführungen Pascals in diesem Fragment wirken wie eine vertiefende Erörterung dieser Ausgangsthese. Das Universum, ja ein winziger Teil von ihm wie ein *Wassertropfen*, vermag einen Menschen zu *zermalmen*. Und dennoch ist der Mensch aufgrund seines Denkens diesem übermächtigen Universum, das unwissend ist, überlegen. Das Denken wird dabei auf die Einsicht der Übermächtigkeit des Universums und das Bewusstsein um die eigene Endlichkeit bezogen. In dem in der Einleitung umrissenen Horizont an Fragen hinsichtlich dessen, was denn Denken sein und bedeuten kann, wird hier ein Wink offenbar: Das Denken zielt auf die Erkenntnis der Welt und zugleich auf Selbsterkenntnis über den eigenen Stand in dieser Welt und das Verhältnis zu ihr. Dies erscheint zunächst offensichtlich. Menschen finden sich als Teil dieser Welt vor und zugleich stehen sie zu dieser Welt in Distanz, denn sie verfügen über ein Bewusstsein über die Welt, über sich selbst und über das Verhältnis zwischen diesem Selbst und der Welt. Nur: Wohin führt dieses Bewusstsein? Zu welchen Zielen gelangt das Denken auf diesen Wegen? Führt das nicht zu den Schrecken des *Kerkers*? Ist die Möglichkeit des Denkens nicht eine ungeheure Bürde und Last? Wäre die Zerstreuung als Ablenkung vom Denken nicht viel angenehmer? Auf die aus diesen Fragen entstehenden Ambivalenzen der Erkenntnis und Selbsterkenntnis wird auf dem nächsten Weg näher eingegangen werden. Hier soll zunächst das Denken selber bedacht werden. Unter wahrscheinlich vielen Möglichkeiten hierzu wird der Weg über ausgewählte Fragestellungen bei George Steiner (1929–2020) in seiner Abhandlung *Warum Denken traurig macht. Zehn (mögliche) Gründe* eingeschlagen. Steiner geht dabei unter anderem bewusst und explizit von der pascalschen Beschreibung des Elends und der Größe des Menschen als denkendes Schilfrohr in Fragment 206 aus. In diesem Zusammenhang erscheinen einige Gedanken Steiners über das Denken besonders originell und auch *nachdenklich* stimmend. Das Denken sei demnach »unmittelbar und unerreichbar«. Kann der Mensch aus dem Denken aussteigen? Lässt es sich etwa anhalten wie der Atem? Das Denken scheint verhaftet mit dem Existieren. Das Leben selbst vollzieht sich denkend. Und daher fehlt auch die Distanz zum Denken, es kann selber nicht als gegenüber und außerhalb unseres Selbst stehendes Objekt unseres Denkens begriffen werden. Daher, so Steiner, »wissen wir nicht, was Denken ist«. Damit ließe sich noch gut leben. Andere Erscheinungsformen und Merkmale des Denkens erscheinen besorgniserregender. So führe das Denken zu keinen befriedigenden Antworten auf die Fragen des Lebens. Wir finden demnach denkend eben keine tragenden Gewissheiten für einen Sinn unserer Existenz. Das erinnert sehr stark an die Beschreibungen des *Kerkers* bei Pascal. Zudem sei das Denken, bis auf eventuell wenige Ausnahmen in der Menschheitsgeschichte, ein »dilettantisches Unterfangen«. Das hänge damit zusammen, dass dem Denken die notwendige konstante Konzentration auf einen zentralen Gedankeninhalt abginge. Kann das daran liegen, dass die physische Beschaffenheit des menschlichen Gehirns eine solche Konzentration gar nicht zulässt? Hier sei ein Einwand erhoben. Mag das Denken *dilettantisch* sein im Sinne von ungeordnet, unkonzentriert, amateurhaft. Ist es aber auch nicht *dilettantisch* in einem anderen vom Begriff her wörtlichen Sinne, nämlich *erfreuend*? Erhellt das Denken nicht erfreuend unsere Existenz? Und gilt das nicht selbst dann, wenn es zugleich die existenzielle Ungewissheit unseres Lebensgrundes spiegelt? Welches Dilemma: Freude und Melancholie, Größe und Elend verbinden sich zugleich im denkenden Menschen. Dabei erscheint dieser *dilettantisch* denkende Mensch wie ein Reisender, ja teils ein Getriebener. Zum stetigen Weiterdenken verurteilt kann er zugleich denkend nicht den Grund seiner Existenz erhellen. Wie eine Mahnung erscheint in diesem Zusammenhang die Aufforderung der Inschrift des Grabsteines des Dichters William Butler Yeats (1865–1939) in Drumcliff. Der deutsche Schriftsteller Heinrich Böll (1917–1985) erblickt diese beim Besuch des Grabes während einer Irlandreise und notiert sie in seinen Aufzeichnungen (*Irisches Tagebuch* aus 1957): »*Reiter, wirf einen kalten Blick auf das Leben, auf den Tod – und reite weiter.*«

An dieser Stelle sei ein kurzer Exkurs eingefügt: Es stellt sich die Frage, warum Pascal seine Pensées in Fragmenten verfasst hat und ob sein Denken überhaupt systematisch zu erfassen ist? Diese Reflexion erfolgt in Analogie zur Darstellung eines verzweifelten Philosophen, einer Romanfigur in *Die Stadt der Engel* von Christa Wolf aus dem Jahre 2010. Dieser *Philosoph* beschäftigt sich in dieser Erzählung seit zwei Jahrzehnten mit einem Denker, wahrscheinlich ist Walter Benjamin (1892–1940) gemeint, der nur Fragmente hinterlassen habe. Und *er* scheitert *dilettantisch* daran, dieses Denken in einem Buch systematisch zusammenzufassen. Auch Pascal hat seine Pensées in Fragmenten aufgezeichnet. Wahrscheinlich sind seine Gedanken auf eine gewisse Art und Weise selbst dilettantisch: erhellend, zu weilen auch erfreuend, und dennoch wahrscheinlich auch mit einer größten Konzentration seines Geistes nicht in eine geordnete Systematik zu bringen. Oder ist das Fragmentarische der Pensées nicht gerade ein Zeichen einer Vollkommenheit? Hatte eine systematische Erörterung nicht den Geist und das Denken zu sehr eingeengt? Und wie viele Personen, die über Pascal und sein Denken in den letzten Jahrhunderten nachgedacht und vielleicht auch geschrieben haben, sind in dem Versuch, sein fragmentarisches Denken in eine Systematik bringen zu wollen, im positiven Sinne dilettantisch gescheitert?

Was nun anstellen mit der von Pascal grundgelegten Ambivalenz des Denkens in Fragment 206? Was anfangen mit der diese Ambivalenz konkretisierenden Beschreibung Steiners zur Unmittelbarkeit und Unerreichbarkeit wie auch zum Dilettantismus des Denkens? Welche Intention verfolgte wohl Yeats, wenn er den vorbeiziehenden *Reitern*, den lebendig denkenden Menschen, von seinem Grab aus dem Tod heraus den Rat gab, einen *kalten Blick* auf das Leben und den Tod zu werfen? Wofür soll dieses *Weiterreiten* nach einem kurzen *existenziellen Innehalten* dienlich sein? Eine Antwort findet sich bei Pascal selbst in Fragment 207: Sich an der Würde des Denkens, nicht in Raum und Zeit, aufrichten, ja wohl immer wieder aufrichten und das Denken pflegen, daran »arbeiten«, gut zu denken. Im Denken erkennen wir die existenziellen räumlichen und zeitlichen Grenzen des Lebens. Sich gegen diese Grenzen zu erheben, ist aussichtslos. Sie zu überschreiten oder zu durchbrechen ist unmöglich. Mit Blick auf das Fragment 206 wird nie ein Mensch die schier unendlichen Räume, die unendliche Dauer und damit diese machtvolle Größe des Universums *auszufüllen* vermögen. *Auszufüllen*, das meint nicht nur ein *körperliches* Ausfüllen im Sinne einer räumlichen und zeitlichen Durchquerung des Universums, sondern auch ein *geistiges* Ausfüllen und damit eine vollkommene Erkenntnis und Selbsterkenntnis. Sinnlos erscheint daher schon jeglicher Versuch, das eigene Leben im Streben nach Macht, Anerkennung und Glück zeitlich und räumlich *aufzublasen*. Die unzähligen Möglichkeiten hierzu wurden ja teils auf dem vorherigen *Weg* aufgezeigt. Nein, im Denken, so Pascal, liegt des Menschen Größe und Würde. In der Arbeit an einem guten Denken und im Bewusstsein seiner Grenzen, sich an dieser Würde immer wieder aufzurichten, sieht er die Aufgabe des Menschen. Was aber bedeutet ein *gutes Denken*? Es ist davon auszugehen, dass es mit seiner andauernden Übung korrespondiert, mit seiner Schulung, damit es zu Erkenntnis und auch Selbsterkenntnis führt. Ein *gutes Denken* wird sich der unterschiedlichen und vielleicht vielfältigen Wege des Erkennens bewusst. Und es mündet in die Einsicht verschiedener Ordnungen der Welt in Raum und Zeit, in denen sich auch das menschliche Leben und Existieren vollzieht. Mag das Denken auch zur Erkenntnis der existenziellen Grenzen und Abgründe führen, es erkennt doch zugleich auch Gründe und Ordnungen der Welt und des Lebens.

Bevor die skizzierten weiteren Wege eines *guten Denkens* beschritten werden, erscheint es ratsam, sich des Ausgangspunktes des Denkens zu vergewissern. In dem längeren Fragment 205 fasst Pascal hierzu zentrale Gedanken zusammen. Der am Anfang des Weges zitierte kurze Ausschnitt weist auf die Bestimmung dieses Ausgangspunktes in einer *Mitte* hin. Diese *Mitte* zwischen zwei Extremen korrespondiert demnach mit der Einsicht in die beschriebene umfassende Begrenztheit und bezieht sich auf alle *Potenzen* des und der Menschen. Könnte diese Auffassung nicht als eine Beleidigung des und der Menschen verstanden werden? Ist es nicht nützlicher und zielführender, von extremen Punkten aus zu denken und dessen *Ränder* immer weiter auszudehnen und zu entgrenzen? Bedeutet das nicht Fortschritt? Lassen sich weitere und gegebenenfalls tiefere Einsichten beispielweise in der Wissenschaft, im Sport oder auch in der Kunst oder gar in der Politik nicht nur durch ständiges Fortschreiten an den Grenzen des Möglichen erlangen? Ist nicht gerade ein Denken auf der *Höhe der Zeit*, welches immer extremere Handlungen, Anstrengungen und Leistungen, Erkenntnisse und Ergebnisse einfordert? Könnte nicht gar ein Denken der Mitte zu einem Denken der Mittelmäßigkeit führen? Wie könnte eine Antwort Pascals auf diese Einwände lauten? Und wie lässt sich sein Denken der *Mitte* verstehen? Zunächst ist festzuhalten, dass Pascal alle menschlichen Extreme verdächtig, wenn nicht gar zuwider sind. In einem anderen Pensée (Frgt. 177) führt er diese Extreme auf die »rastlosen Bewegungen der Menschen« zurück, die in »Streitigkeiten, Leidenschaften, kühne und oft unrechte Unternehmungen« münden und die daher rühren, »dass das ganze Unglück des Menschen einzig davon kommt, nicht ruhig in einem Zimmer bleiben zu können«. Mit Blick auf Politik und Gesellschaft gründet diese Betrachtung auf einer zentralen Lebenserfahrung Pascals. 1640 begleitet er seinen Vater bei der Übersiedlung nach Rouen, wohin dieser nach seiner Ernennung als kommissarischer Abgeordneter des Königs für Steuern und Steuererhebung hin versandt wird. Hintergrund ist eine seit Mitte der 1630er Jahre andauernde ökonomische Schieflage Frankreichs, die zu Steuererhöhungen und -eintreibungen führt. Diese rufen in mehreren Landesteilen Aufstände hervor, die 1639 die Normandie erreichen und zum *Aufstand der Barfüßigen*, der Arbeiter in den Salzgärten, die barfuß das Salz schneiden, gegen die Eintreibung der Salzsteuer führt. Das Gefolge von fünftausend Soldaten metzelt die

Aufständigen erbarmungslos nieder. Pascal entwickelt aus diesem Schrecken heraus eine tiefe Skepsis gegenüber der Politik. In diesem Zusammenhang mag es fast als eine Nebensächlichkeit erscheinen, dass Pascal mit dem Ziel, seinen Vater bei dessen Tätigkeit der noch wenige Jahre andauernden Residenz in Rouen zu unterstützen, eine der ersten Rechenmaschinen, die *Pascaline*, erfindet.

Politische Raserei, Machterweiterung, nationaler Größenwahn, Extremismus, Kriege, bewaffnete Konflikte mit Verbrechen gegen die Menschlichkeit: Alles nur zu bekannt auch aus der gegenwärtigen Zeit. Es gibt keine Dimension menschlichen Lebens, in der nicht die Extreme gesucht, ja gar in sie hineingejagt wird. Dieser Sachverhalt erscheint offensichtlich, wofür auf eine beispielhafte Aufzählung verzichtet wird. Was aber setzt das pascalsche Denken der Mitte dem entgegen? Pascal denkt an alle im Menschen vorzufindenden *Potenzen*. Der Begriff der Potenz lässt sich von seiner lateinischen Herkunft aus mit Vermögen, Können, Fähigkeit übersetzen. Ganz allgemein ist damit das angesprochen, was Menschen überhaupt in der Welt zu denken und zu handeln vermögen, eben ihre ganz grundlegenden Fähigkeiten. Der Bezug zu den vielfältigen Dimensionen menschlichen Lebens im individuellen wie gemeinschaftlichen und gesellschaftlichen Sinne ist damit offensichtlich. Beruhend auf der Einsicht in die schon thematisierte existenzielle Begrenztheit verortet Pascal all diese Fähigkeiten und Vermögen ausgehend von einer Mitte zwischen zwei Extremen. Das Denken als Vermögen selbst vollzieht sich aus dieser Mitte und zugleich denkt es alle *Potenzen* aus dieser heraus.

Pascal erläutert dies anhand von Beispielen. An alltäglichen Erfahrungen unserer Gewohnheiten wird diese *Mitte* schon ersichtlich. Extreme in diesen wirken verwirrend und führen in die Irre. »Zu viel und zu wenig Wein. Gebt ihr ihm nichts davon, kann er die Wahrheit nicht finden. Gebt ihr ihm zu viel davon, genauso wenig.« (Frgt. 72) Dieses Bonmot lässt sich ergänzen mit einem Beispiel zu unserer Aufnahmefähigkeit beim Lesen und Studieren: »Wenn man zu schnell oder zu langsam liest, versteht man nichts.« (Frgt. 75) Auch die gesamte sinnliche Wahrnehmung wie die Gefühlswelt bestätigen diese Ausgangssituation der Mitte, die eben keinerlei Mittelmäßigkeit beinhaltet. So beschreibt Pascal in Fragment 205, das als einzelnes Pensée über wenige Seiten wie ein gesamtes Buch das Universum des menschlichen Erkenntnisvermögens beschreibt, die

Überspanntheit und damit Gereiztheit, die von extremen Wahrnehmungen ausgeht. Zu starke Hitze wie Kälte ist unerträglich. Die Beziehungen zu Menschen bedürfen einer Ausgewogenheit von Nähe und Distanz. Lärm, Licht, Gerüche sind nur in einer *mittleren* Dosis und Spanne ertragbar. Vergnügungen des Körpers und der Seele führen im Unter- wie im Übermaß zu Verdruss. Selbst Wohltaten bedürfen eines mittleren Maßes, um auf Gegenliebe zu stoßen. Die Wissenschaften bedürfen eines Maßes zwischen philosophischer Betrachtung ihrer Prinzipien und der Ausdehnung ihrer Forschungen, die in eine Unendlichkeit der Erkenntnisse drängt. Denn: Das Starren auf Prinzipien führe zu verwirrender *Prinzipienreiterei* und die prinzipienlose Anhäufung von Erkenntnissen in die verwirrende Unbegreifbarkeit eines Ozeans leblosen und in sich leeren Wissens. Beschreibt Pascal damit nicht eine bis in die Gegenwart reichende Spannung einer gegenseitigen Abhängigkeit oder gar eine Widersprüchlichkeit, ja gegebenenfalls eine Gegensätzlichkeit im Verhältnis von Philosophie und Wissenschaft?

In seinem gesamten Vermögen, all seinen Potenzen erfährt der Mensch sich in eine Mitte gestellt. Menschen *sind* nicht *nichts*, sie sind aber auch nicht *alles*. Sie *sind* kein Augenblick, aber auch nicht die Ewigkeit. Sie verharren in der körperlichen Bewegung, dem Altern zum Tode und begreifen gleichzeitig diese Endlichkeit. Wobei dieses Begreifen sie nicht von dieser befreit und erlöst. Das Denken *ergreift* diese Extreme, in deren Mitte es sich im Grunde befindet, ohne diese Extreme zu *begreifen*. Worin liegt dann die Größe des Denkens?

> »Man zeigt seine Größe nicht dadurch, dass man an einem äußersten Punkt anlangt, sondern vielmehr, indem man beide auf einmal berührt und den ganzen Zwischenraum ausfüllt.« (Frgt. 585)

Eine Einsicht besteht nach Pascal vielleicht im Wissen darin, dass diese extremen Endpunkte sich in ihrer Entfernung »berühren und vereinen« (Frgt 205). Das bedeutet nichts anderes, als dass das menschliche Leben in diesem einheitlichen Sein der extremen Unterschiedenheit, welches er mittels seiner Potenzen erahnt, aber nicht erkennen kann, gehalten ist. Damit ist der Mensch selbst das Mysterium seines Denkens.

Dieses Denken aus der Mitte und der Mitte führt zur Demut in Erkenntnis und Selbsterkenntnis. Die Suche nach einer Gewissheit in der Welt und des eigenen Lebens steht und bleibt auf tönernen Füßen. Ist aus dieser Perspektive heraus nicht jegliche menschliche selbstgefällige Übersteigerung zerbrechlich, wenn nicht gar lächerlich? Welche Illusionen können damit verbunden sein? Zu nennen wäre beispielhaft: der Mensch als der Fabrikant eines guten und gelingenden Lebens, einer Welt der Gerechtigkeit, der nachhaltigen Rettung und Gestaltung der Erde oder als der Missionar seiner Visionen im Weltall.

Was lässt sich aus dieser Mitte mit Bezug auf die Welt und die eigene Stellung in ihr erkennen? Zu dieser Frage führt der folgende Weg.

Sechster Weg: Die Erkenntnis und die Selbsterkenntnis

»Man muss (...) zu zweifeln wissen, wo es nötig ist, versichern, wo es nötig ist, indem man sich unterwirft, wo es nötig ist. Wer es nicht so macht, versteht die Kraft der Vernunft nicht. Es gibt einige, die gegen diese drei Prinzipien verstoßen, entweder, indem sie aus Mangel an Kenntnissen und Beweisführung versichern, alles sei beweiskräftig, oder indem sie aus Mangel an Wissen, wo man sich unterwerfen muss, an allem zweifeln, oder indem sie sich aus Mangel an Wissen, wo man urteilen muss, allem unterwerfen.« (Frgt. 27)

»Wir erkennen also die Existenz und die Natur des Endlichen, weil wir endlich sind und ausgedehnt wie es. Wir erkennen die Existenz des Unendlichen, und kennen seine Natur nicht, weil es Ausdehnung hat wie wir, nicht aber Grenzen wie wir. Wir erkennen aber weder die Existenz noch die Natur Gottes, weil er weder Ausdehnung noch Grenzen hat.« (Frgt. 8)

»Man muss sich selbst erkennen. Wenn das nicht dazu dienen sollte, das Wahre zu finden, so dient es zumindest dazu, sein Leben zu regeln. Etwas Richtigeres gibt es nicht.« (Frgt. 106)

»Arbeiten wir also daran, gut zu denken.« Diese auf dem vorherigen Weg sich herauskristallisierende Aufforderung Pascals aus dem Fragment 207 wird zu Beginn dieses Weges wieder aufgegriffen. Was bedeutet ein *gutes* Denken mit Bezug auf das Erkennen? Ist Erkenntnis und damit verbunden ein *gesichertes* Wissen überhaupt möglich? Wie lassen sich die Dinge, die zu erkennen sind, unterscheiden von jenen, die nicht zu erkennen sind? Gibt es so etwas wie einen *gesun-*

den Zweifel an den Dingen, und wenn ja, an welchen? Führt der Zweifel zu Erkenntnis oder zu einer Kenntnis darüber, dass es Bereiche gibt, in denen nichts oder gegebenenfalls wenig zu erkennen ist? Und gibt es Gegenstände, die nicht zu erkennen und auch nicht zu bezweifeln sind? Können das eventuell Wahrheiten sein, denen es sich zu *unterwerfen* gilt? Aber: Was meint *Unterwerfen*? Bedeutet das nicht ein herabwürdigendes Ausschalten des Denkens und somit das Ende einer denkenden Freiheit? Oder ist da eine weitere Dimension des Denkens, die *Glauben* genannt wird, angesprochen? Handelt es sich dabei um eine weitere, eigene Art eines Erkennens und Wissens? Wie erlange ich die von Pascal angesprochene »Kraft der Vernunft«, um in der Art guten Denkens diese angesprochenen unterschiedlichen Bereiche des zweifelnden Kennens, des sicheren Erkennens und des Glaubens zu unterscheiden? Zudem: *Worauf* zielt das Erkennen? Auf das Ding an sich oder auf die *Natur* der Dinge? Was aber kann mit Bezug auf Fragment 8 unter Natur verstanden werden? Schließlich: Wofür dient die Erkenntnis? Was haben die unterschiedlichen Bereiche und Dimensionen mit der Selbsterkenntnis des und der Menschen zu tun?[4]

Diese Fragestellungen haben Gewicht in einem doppelten Sinne. Zum einen eröffnen sie ein, wenn nicht das gesamte Universum der unterschiedlichen Erkenntnismöglichkeiten des und der Menschen und damit auch des ein- und ausrichtenden Wohnens als eines Zurechtfindens in diesem Universum, das die Welt des befristeten Lebens prägt. Gutes Denken und Leben gehören zusammen. Der Mensch lebt denkend, erkennend und wissend wie unwissend. Aber er denkt eben auch lebend und um zu leben. Erkenntnis und Selbsterkenntnis prägen somit zwei Seiten einer Medaille. Zum anderen bilden die Fragestellungen eine Last, eine Bürde im Sinne des schon erwähnten Sisyphos-Projektes einhergehend mit dem

---

4 Die Gedanken Pascals in Fragment 27 erinnern an drei von vier zentralen Fragestellungen Immanuel Kants (1724–1804), die dieser in seiner Philosophie systematisch behandelt: Was kann ich wissen? Was darf ich hoffen? Was ist der Mensch? Zieht man Fragment 106 der Pensées hinzu, ist auch die vierte Fragestellung Kants angesprochen: Was soll ich tun? Dieser Wink mit Blick auf den dreihundertsten Geburtstag Kants im Jahr 2024 zielt, ohne die Ansätze beider Denker vermischen oder undifferenziert in Verbindung bringen zu wollen, darauf, die von Kant formulierten zentralen Fragestellungen als eben fundamentale Grund- und Ausgangsfragen allen Philosophierens verstehen zu dürfen.

Dilettantismus des Denkens in all seinen Facetten. So schön und faszinierend dieses Universum auch sein mag, die Erkenntnis wie Kenntnis des *Ganzen*, der Gesamtheit der Dinge und der Welt und damit auch das Aufspüren einer existenziellen Gewissheit über das eigene Leben bleiben wohl unerreichbar. Ist das *gute Denken* dann aber überhaupt der Mühe wert?

Zu Beginn der Reflexion über die *Kraft der Vernunft* sei ein Blick auf den Ausgangspunkt des Denkens und damit des Aktes des Erkennens geworfen. Pascal unterscheidet drei Prinzipien als Grundformen der Erkenntnis, die da wären *Zweifel, Versichern* und *Unterwerfung*. Von welchem Standpunkt aus startet die Erkenntnis? Hierzu sei zunächst an die auf dem vorherigen Weg dargelegte *existenzielle* Mitte des Denkens erinnert, die nach Pascal als eine menschliche Grundkonstante aufgefasst werden kann. Hinzu kommt das, was das Denken individuell und persönlich prägt. Diese Prägung wird auch der *Sitz im Leben* des Denkens genannt. Der *Sitz im Leben* ist zeitlich und räumlich bestimmt, das heißt, dass das Denken aus diesem *Sitz des Lebens* heraus be- und auch gestimmt ist. Damit sind die Umstände und Situationen angesprochen, in denen ein Leben sich vollzieht. Hierzu gehören unter anderem die jeweilige leibliche Konstitution, die geschichtliche Epoche, das Klima, die auch durch letzteres beeinflusste Tradition und Atmosphäre der Gemeinschaften und der Gesellschaft, die wirtschaftliche Situation, Möglichkeiten der Bildung und Ausbildung und nicht zuletzt die mit diesen Umständen verbundenen mehr oder weniger zufälligen Begegnungen mit anderen Menschen. Dieses Gesamt des *Sitzes im Leben* bezieht sich auf das, was Kultur genannt werden darf, dies im Sinne des schweizer Philosophen und unter dem Pseudonym Pascal Mercier wirkenden Romanciers Peter Bieri (1944–2023) als »ein Netz sinnstiftender Aktivitäten«.

Die sozialwissenschaftlich geprägten gesellschaftlichen Diskurse, unter anderem über Themen der Gerechtigkeit, der Heterogenität und Diversität sozio-ökonomischer Herkünfte und Diskriminierung, verdeutlichen die Bedeutung dieser Gestimmtheit des Denkens, (Er-) Kennens und Wissens durch den jeweiligen *Sitz im Leben* der Menschen. Dieser Zusammenhang weist zudem darauf hin, dass Erkenntnis insgesamt auch ein soziales Geschehen ist. Sie ist, mit den Worten des Sozialethikers Clemens Sedmak (geb. 1971) ausgedrückt, eingebunden in eine »epistemische Gemeinschaft«, das heißt eine Erkenntnisgemeinschaft von Menschen zu einer bestimmten Zeit an einem bestimmten Ort. Dieser *Ort* ist geprägt von Begegnung und Interaktion, deren Normen und Gewohnheiten mitbestimmend sind für die die Auswahl an Gegenständen, Themen und Dingen und der Art und Weise der Erkenntnis. Solche Gemeinschaften sind beispielsweise die Familie, das Milieu, die Klassengemeinschaft in der Schule oder eine Wissenschaftsgemeinde in einem Forschungsinstitut. Schließlich: Auch die emotionalen Dimensionen und damit auch die Gefühlsschwankungen, die wiederum mit dem *Sitz im Leben* zusammenhängen, beeinflussen das Denken. In Freude und Ausgeglichenheit begegnen wir erkennend den Dingen und Themen anders als mit Zorn, Neid oder Angst. Wenn auch der *Sitz im Leben* das Denken prägt und es *bestimmt*, er ist dennoch nur ein Ausgangspunkt. Das Denken selbst eröffnet (s)eine Freiheit im genannten Universum der unterschiedlichen (Er-) Kenntnismöglichkeiten, welche die Ketten des *Sitzes im Leben* buchstäblich zu sprengen vermag. Die Literatur, die Kunst und auch die Wissenschaften wie die Philosophie bezeugen dies eindrücklich durch eine tatsächlich unfassbare Weite des Geistes, und zwar weltweit und durch alle Epochen.

Wie lässt sich nun auf dem Hintergrund der Reflexion der Ausgangslagen der von Pascal genannten *Kraft der Vernunft* diese selbst verstehen? Ein Vorschlag sei erlaubt, der auf die Mehrdeutigkeit des französischen Begriffs *raison* rekurriert: Spricht Pascal mit *raison* nicht die in jedem Menschen potenziell angelegte Fähigkeit des Denkens im und mit dem *Verstand* an? Diese Potenzialität kann bei jedem Menschen sehr unterschiedlich entfaltet sein. In der in jedem Menschen angelegten *potenziellen* Möglichkeit liegt die von Pascal genannte Würde und *Größe* des Menschen. Und der Verstand selber wiederum ermöglicht in der Unterscheidung von Zweifel, Erkenntnis und *Unterwerfung* das, was Vernunft genannt wird. Diese ist allen Menschen potenziell zugänglich, sie ist universal und damit für alle Menschen durch alle Zeiten und Epochen hindurch verbindend. Die *Kraft der Vernunft* zeigt sich im verständigen und damit angemessenen Unterscheiden der drei Prinzipien. Unter Einbezug des Fragmentes 106 dient sie zugleich zur rechten und *richtigen* Gestaltung des Lebens. Sie weist damit der Lebensführung eine Richtung über die Setzung der Ziele und Werte des individuellen wie auch gemeinschaftlichen Handelns. Pascal selber beschreibt in einem anderen Gedanken diese *Kraft der Vernunft* im Vergleich mit der angemessenen Betrachtung eines Gemäldes: »So verhält es sich mit den Gemälden, die man aus zu großer Nähe oder Ferne betrachtet. Und es gibt nur einen unteilbaren Punkt, der die richtige Stelle ist. Die anderen sind zu nah, zu fern, zu hoch oder zu tief. In der Malkunst bestimmt ihn die Perspektive. Wer aber wird ihn bei der Wahrheit und in der Moral bestimmen?« (Frgt. 55) Die *Kraft der Vernunft* bestimmt jenen Punkt, von welchem aus die drei Prinzipien sich in ihrer Erkenntnis und Kenntnis be*wahrheiten* und die Werte unseres moralischen Handelns in richtiger Weise erschließen.

Wenn denn der Einschätzung Pascals über die *Kraft der Vernunft* gefolgt werden mag, stellt sich die Frage, wie die drei von ihm genannten Prinzipien der Erkenntnis in heute verständliche Begriffe gefasst und verstanden werden können. Zunächst spricht Pascal in dem Fragment 27 von einem notwendigen *Zweifel.* Der Zweifel bezieht sich auf einen Gegenstand der Erkenntnis, der eben nur begrenzt *in etwa* aber nicht *in Gänze* erkannt wird. Das Wissen um diesen Gegenstand bleibt letztlich ungewiss, zumindest noch nicht mit einer absoluten Gewissheit versehen. Es liegt ein Schatten der Wahrscheinlichkeit über diesen Gegenständen des Zweifels. Als *Gegenstand* kommen dabei ganz unterschiedliche Dinge in Frage: die Wahrscheinlichkeit eines *Größten Anzunehmenden Unfalls* (GAU) in einem Kernkraftwerk wie auch die höchst persönliche Frage, ob eine Person, in die sich jemand verliebt hat, auch gewiss die große Liebe des Lebens sein oder zum persönlichen GAU des Lebens wird. Vielleicht lässt sich diese Art des Erkennens wie folgt beschreiben: Es kann eine *Kenntnis* von diesen Gegenständen erlangt werden ohne eine sichere Erkenntnis. Es liegen keine *Beweise* vor, es bleibt eine gewisse Ungewissheit. Im Folgenden sei daher dieses Prinzip des Erkennens mit *Kennen* und *Kenntnis* umschrieben. Das zweite Prinzip bezieht sich auf das *Versichern.* Pascal, der eben auch Mathematiker und Physiker ist, bezieht dieses *Versichern* auf die Gegenstände der Erkenntnis, die mit Gewissheit in Gänze erfasst und erkannt sein können. Zum einen bezieht sich das aus heutiger Sicht auf eine gewisse Art der Wissenschaft, vornehmlich im Bereich der Naturwissenschaften und der Mathematik, in denen *wahre* Naturgesetze und Gesetzmäßigkeiten durch Beweisführung und Experiment *zweifellos* nachweisbar sind. Es geht dabei um ein gesichertes *Erkennen* und *Wissen.* Auf diesem Wege hat Pascal selbst die Existenz des Vakuums und das Gewicht wie die Grenze der Atmosphäre bewiesen. Zum anderen gibt es eine solche Gewissheit auch in anderen Bereichen des Lebens. Ein Beispiel: Die eigene Existenz ist gewiss. Vielleicht wissen Menschen nicht, *wer* sie sind und was ihre Identität und Persönlichkeit ausmacht. Aber, *dass* sie existieren, ist eine individuelle Gewissheit, bewiesen rein dadurch, dass sie zu denken und zu zweifeln vermögen.[5] Im Zusammenhang dieses Prinzips sei im Weiteren von Erkennen und bzw. oder von Wissen die Rede. Das dritte von Pascal genannte Prinzip, die *Unterwerfung*, ist nicht zuletzt wegen der vermeintlich negativen Konnotation des Begriffs am schwierigsten zugänglich. Denn ist mit einer *Unterwerfung* nicht die Aufgabe des *freien* Denkens und damit eine Entwürdigung verbunden? Vielleicht zeigt ein anderer ähnlicher Begriff, als mögliche Übersetzung des französischen Substantivs *soumission*, eine Richtung zum rechten Verständnis an: *Fügsamkeit*. Sich fügen beinhaltet eine Passung, eine Fügung, die eine Demut erfordert und die Freiheit, sich zu fügen. Die Verbindung zum Begriff *Glauben*, die einige Interpreten der Pensées ziehen, ist zumindest auch ambivalent. Denn wahrscheinlich geht diese Interpretation im Sinne Pascals in die richtige Richtung, aber für viele Menschen der Gegenwart mag dieser Begriff aufgrund verschiedener Gründe etwas Befremdendes haben. Ein anderer Vorschlag lautet, dieses Prinzip mit *Bekennen* zu umschreiben. *Bekennen* umfasst zwar auch eine Dimension des Glaubens, bezieht sich aber zunächst auch auf ein *Kennen* eines Gegenstandes. Diese Erkenntnis des Bekennens findet und gründet nicht auf einem vergewissernden Beweis. Zudem lässt sich auch im Zweifel daran nichts erhellen. Es handelt sich um Gegenstände der Erkenntnis, die eben *nur* und dabei frei zu bekennen

---

5 Dieser Gedanke erinnert ein wenig an René Descartes (1596–1650) berühmten Ausspruch: »Ich denke, also bin ich.« Die einzige Gewissheit die Descartes auf dem Hintergrund des Niedergangs metaphysischer Gewissheiten findet, ist die des *Ich denke*. Descartes war ein Zeitgenosse Pascals. Es gab auch 1647 eine persönliche Begegnung, aber keine vertiefte Verständigung. Der konkret erfahrbare Ausgangspunkt des Denkens Pascals ist der *Kerker* mit seiner existenziellen Abgründigkeit und Verlorenheit. Descartes dagegen betreibt nach Pascal ein rationales Experiment. »Descartes unnütz und ungewiss«, urteilt Pascal in Fragment 730. Er verglich etwas abfällig die Philosophie Descartes mit einem Roman über die *Natur* ähnlich dem zur damaligen Zeit äußerst populären und auch Pascal bekannten Roman *Don Quijote* (Erstveröffentlichung 1605/1615) von Cervantes.

sind. Die Gegenstände des Bekennens stammen vornehmlich aus den, über die sinnliche Erfahrung hinausgehenden, metaphysischen Bereichen. Beispiele lassen sich im Bereich der Spiritualität und der Religion finden. Wenn Glauben im Sinne des schon auf einem der vorherigen Wege angeführten Theologen Karl Rahners zu deuten ist als ein lebenslanges Ringen mit einem unbegreifbaren Gott, handelt es sich um eine Erkenntnis von *etwas*, das letztlich nicht zu beweisen, nicht im Zweifel zu widerlegen, sondern nur zu bekennen oder eben nicht zu bekennen ist.

Die nun getroffene angekündigte *Umbenennung* der von Pascal genannten drei Prinzipien der Erkenntnis folgt der Intention des deutschen Philosophen Heinrich Rombach (1923–2004). Die Trias *Zweifel – Versichern – Unterwerfen* mag im heutigen Sprachgebrauch eher als *Kennen – Erkennen – Bekennen* zugänglich sein. Entscheidend ist, was diese Begriffe inhaltlich bezeichnen. Und nun folgt die spannende Frage, worin die *Kraft der Vernunft* im Sinne einer angemessenen Anwendung der drei Prinzipien besteht? Der Begriff der Angemessenheit mag hier einen Wink geben. Doch vorab: Es handelt sich dabei nicht einfach um eine Art *Philosophische Übung*. Spätestens mit dem zweiten Blick auf die Angemessenheit in der Anwendung der drei Prinzipien wird gegebenenfalls mit Schrecken ersichtlich, dass viele Schlamassel und Verheerungen sowohl im persönlichen Leben wie auch im gemeinschaftlichen und gesellschaftlichen Zusammenhängen unter anderem auf die fehlende *Kraft der Vernunft* im Sinne der Unangemessenheit in der Anwendung der Prinzipien zurückgeht.

Das Prinzip des *Kennens* mit dem verbundenen Zweifel an den Gegenständen der Erkenntnis, die nur begrenzt *in etwa* aber nicht *in Gänze* zu erkennen sind, ist in seiner Anwendung mit der Annahme und dem Rechnen mit Wahrscheinlichkeiten verbunden. Der Zweifel ist also angebracht, darf aber nicht zum Selbstzweck werden. So kann der Gegenstand gekannt und zur Kenntnis genommen werden. Dies erfolgt in einer Art und Weise eines *Wissens* um seine bleibende Ungewissheit. Das *Erkennen* als zweites Prinzip bezieht sich in seiner Anwendung auf jene Gegenstände, die mit Gewissheit zu erkennen sind. Die methodische und damit allen zu jeder Zeit mögliche und nachvollziehbare Vergewisserung zielt nicht auf Wahrscheinlichkeit, sondern auf eine universal gültige Wahrheit. Die Anwendung des dritten Prinzips des *Bekennens* bezieht sich auf jene

Gegenstände der Erkenntnis, die weder im Sinne der Vergewisserung und einer gesicherten Erkenntnis noch durch einen angebrachten und angemessenen Zweifel zur Kenntnis genommen werden können. Die *Kraft der Vernunft* liegt nun darin, die unterschiedlichen Prinzipien eben angemessen auf die ihnen entsprechenden Gegenstände anzuwenden. Dies soll nun an Beispielen veranschaulicht werden.

»Der Mensch ist zweifelsohne ein außergewöhnliches Phänomen, aber kein Erfolg.«

Diese Aussage des aus Rumänien stammenden und ab 1937 in Frankreich lebenden Literaten Emil Cioran (1911–1995) beinhaltet eine bissige und sarkastische Erkenntnis. Es könnte sich dabei um eine biographische Evidenz aufgrund von Lebenserfahrungen handeln, die sich aber nicht vergewissernd und verallgemeinernd in Gänze *beweisen* lässt. Zweifel ist daher trotz des erwähnten »zweifelsohne« angebracht. Ist der Mensch überhaupt ein außergewöhnliches Phänomen? Was sollte ihn im Vergleich zu anderen Phänomenen, beispielsweise anderen Lebewesen so außergewöhnlich auszeichnen? *Hierzu* gibt es ein *Für* und *Wider*, aber *darüber* kein gesichertes Erkennen. Gleiches gilt für die Frage, ob *der* Mensch oder die Gattung *Mensch* ein Erfolg ist, ganz gleich ob das Merkmal des außergewöhnlichen Phänomens zutreffen sollte oder nicht. Zudem wäre zu fragen, ob die gesamte Menschheit durch alle Epochen gemeint ist oder eine spezifische Art von Menschen, beispielsweise einer bestimmten Hemisphäre oder einer gewissen Epoche. Schlussendlich ist aber so oder so im Bereich solcher Aussagen grundsätzlich Zweifel geboten. Es ist Kenntnis davon zu erlangen im Sinne eines Wissens um solche unlösbaren Fragen. Sie regen zu einem zweifelnden Denken an. Zu Erkennen oder gar zu Bekennen gibt es hier nichts.

Die Physik lügt nicht

Der Meteorologe, Ozeanograph, Klimaforscher und Präsident der Akademie der Wissenschaften in Hamburg Mojib Latif (geb. 1954) bezog sich in einem Vortrag im Jahr 2023 über die Kluft zwischen Wissen und Handeln bezüglich des Klimawandels und der notwendigen Klimaanpassungen auf den Physiker Svante Arrhenius (1859–1927). Dieser hatte im Jahr 1896 im *Philosophical Magazine and Journal of Science* seine Erörterung zu *On the Influence of Carbonic Acid in the Air upon the Temperature of the Ground* veröffentlicht. Arrhenius berechnete dabei exakt die Relation vom Gehalt des Kohlenstoffdioxids in der Luft zur entsprechend tieferen oder höheren Temperatur auf der Erdoberfläche. Latif wies darauf hin, dass Arrhenius so gut wie keine experimentellen Möglichkeiten einer wissenschaftlichen Beweisführung seiner Berechnungen zur Verfügung standen. Alle solche seit 1896 entwickelten Forschungen hätten die Berechnungen von Arrhenius bestätigt. So schlussfolgerte Latif mit Blick auf die immer wiederkehrenden Leugnungen des vom Menschen erzeugten Klimawandels, dass die Physik nicht lügt. Es handelt sich dabei um ein auf Vergewisserung zielendes Erkennen.

Auferstehung

Was geschieht mit *uns*, wenn wir gestorben sind? Gibt es ein Leben nach dem Tod? Bezieht sich Auferstehung auf die Seele der Menschen? Gibt es eine solche? Wenn ja, wie und wo ist sie mit dem Leib verbunden? Oder ist nicht auch jede Idee einer Seele eine Illusion, die durch unsere Gehirnfunktion zu einem bestimmten evolutionären Nutzen der Gattung Mensch erzeugt wird? Oder bezieht sich Auferstehung auf den Leib? Was kann denn die Auferstehung des Leibes bedeuten? Sind damit die leiblichen Erfahrungen und alle durch den Leib ausgedrückten (Ent-) Äußerungen *unserer* Person, also die Gesamtheit unserer Persönlichkeit, angesprochen, die nach dem Tod bei *Gott* oder in einer übersinnlichen *Dimension* aufbewahrt und aufgehoben werden? Eine *Wirklichkeit*, die auf der einen Seite etwas absolut *Anderes* bewirkt, als das, was im Leben ge- und erkannt werden kann. Und dennoch eine Wirklichkeit, die im Leben schon wirkt, indem sie *unsere* Haltung zur Welt und zu uns selbst im Sinne einer Selbsterkenntnis formt und bestimmt? Die Antworten auf diese Fragen können und werden sehr unterschiedlich ausfallen. Dass diese Antworten eine große Bedeutung für die jeweilige persönliche Lebensführung und Lebensweise haben, ist offensichtlich. Doch diese Fragen und Antworten zum Thema *Auferstehung* berühren einen Bereich, in dem weder ein vergewisserndes

Erkennen noch eine zweifelhafte Kenntnis und ein zweifelndes Kennen möglich erscheinen. Letztlich kann eine solche übersinnliche *Wirklichkeit* nur im und durch das Leben *bekannt* werden.

Die entsprechende Anwendung von Kennen, Erkennen und Bekennen führt zu einer auf umfassender Erkenntnis beruhenden Orientierung. Der nicht-entsprechende Gebrauch der Prinzipien dagegen generiert Ismen, die zu einer fundamentalistischen Verabsolutierung eines der Prinzipien tendieren. Wird das Bekennen auf die ihm nicht zugeordneten Bereiche und Gegenstände ausgedehnt, entsteht daraus ein Dogmatismus, welcher die Grundlage seines Bekennens, sein Dogma, gegen jedes Kennen und Erkennen setzt. Das zweifelnde Kennen entwickelt sich bei einer unangemessenen Ausdehnung auf die Bereiche des Bekennens und Erkennens zu einem grundlegend misstrauischen und verzweifelnden Skeptizismus. Das sich positiv vergewissernde Erkennen schließlich überdehnt sich in den Bereichen des Kennens und Bekennens zu einem negativen Positivismus, der jegliche Erkenntnis außerhalb des Beweisbaren ablehnt und mit Lebensuntauglichkeit verbunden ist.

Zum Ende dieses Weges sei angemerkt, dass es sich bei diesem Weg nicht um einen leichten Spaziergang handelt. Die Gedanken und Reflexionen über die Erkenntnis und Selbsterkenntnis beinhalten einige steile Aufstiege und auch steile Abhänge, an denen es sehr rutschig ist und die Gefahr des Abgleitens oder sogar des Absturzes besteht. Immer wieder kann die mit George Steiner auf dem letzten Weg gestellte Frage, ob denn das Denken glücklich oder nicht vielmehr traurig macht, aufkommen. Diese Frage ist im Letzten nicht zu beantworten, jede und jeder muss sich auf ihre beziehungsweise seine Art und Weise dieser Frage stellen und sich zu ihr positionieren. Niemand kommt aus seinem *Kerker* hinaus. Gerade bei solchen Fragestellungen stoßen Menschen an ihre Grenzen und ihre Natur der Endlichkeit im zeitlichen, räumlichen und damit verbunden auch im geistigen Sinne. *Natur der Endlichkeit*: Damit sei auf den letzten Metern dieses Weges mit Bezug auf das zu Beginn des Weges angeführte achte Fragment noch ein Wink zu einer weiteren Dimension der Erkenntnis und Selbsterkenntnis gegeben. Hier zur Erinnerung:

»Wir erkennen also die Existenz und die Natur des Endlichen, weil wir endlich sind und ausgedehnt wie es. Wir erkennen die Existenz des Unendlichen, und kennen seine Natur nicht, weil es Ausdehnung hat wie wir, nicht aber Grenzen wie wir. Wir erkennen aber weder die Existenz noch die Natur Gottes, weil er weder Ausdehnung noch Grenzen hat.« (Frgt. 8)

Der Begriff der *Natur* bezeichnet bei Pascal eine Grundwirklichkeit, die die jeweiligen Dinge beziehungsweise Gegenstände in *Zeit* und *Raum* durchwirkt. So erkennen wir die Natur des Menschen im Bereich des Endlichen. Das menschliche Leben hat einen Anfang und ein Ende und auch die räumliche Endlichkeit des eigenen Kerkers ist nur zeitlich begrenzt durch den Geist zu durchbrechen. Damit wird im Sinne der Selbsterkenntnis zugleich offenbar, dass die Existenz dieses Selbst, eben im Sinne des Begriffs der Existenz, nur ein zeitlich und räumlich begrenztes Herausragen aus der Anonymität des *bloßen Seins* ist. Ein Sinnbild hierfür ist die Grabauflösung, die in der Regel nach fünfzehn Jahren Nutzungsrecht vollzogen wird. Außer in der Erinnerung einiger anderer Menschen bleibt dann mehr oder weniger wenig von einer Person (auf)bewahrt. Hingegen bleibt die Grundwirklichkeit als *Natur* des Unendlichen unerkannt, da es zeitlich und räumlich unbegrenzt ist. Ein Blick in das Universum lehrt dies. Es wird noch nach dem eigenen Tod existieren. Wir verfügen zwar über Erkenntnisse des Werdens und Vergehens der Sterne und Galaxien, doch übersteigt dies das *natürliche* Erfassungsvermögen eines Endlichen. Zudem können wir gar nicht in die gesamten Weiten des Universums hineinschauen, da dies physikalisch gar nicht möglich ist. Mit Bezug auf das genannte *Bekennen* kann mit dem Blick Pascals auf die Existenz und Natur *Gottes*, an dieser Stelle ergänzt um das *Ewige*, eben lediglich darauf hingewiesen werden, dass sich darin ein *absolut Anderes* ankündigt, das in unserer endlichen Erkenntnis*möglichkeit* nicht gedacht werden kann, da *es* in einer zeitlichen und räumlichen Begrenztheit nicht zu fassen ist.

Es sei noch der Hinweis erlaubt, dass Pascal mit den Gedanken in Fragment 8 und 27 ein wenig denen auf dem ersten Weg in Fragment 204 angeführten widerspricht. Dort ist die Rede vom Kerker des Ausgesetztseins auf einer »schauerlich einsamen Insel« ohne erkennbaren Sinn im Zusammenhang mit der Annahme der Unfähigkeit zu »jeglicher Erkenntnis«. Ab dieser Stelle nun geht Pascal doch etwas weiter: Die Natur der eigenen Existenz ermöglicht eine *begrenzte* Erkenntnis. Die damit verbundene Selbsterkenntnis kann mit Bezug auf Fragment 106 dann zumindest einer geordneten und richtigen Lebensführung dienen. Mehr ist einfach nicht zu erwarten.

Siebter Weg: Die Zugänge zur Erkenntnis

»Diejenigen, die gewohnt sind, nach dem Gefühl zu urteilen, verstehen nichts von den Dingen der vernünftigen Überlegung. Denn sie wollen alles auf den ersten Blick durchdringen und sind nicht daran gewöhnt, nach den Prinzipien zu suchen. Die anderen hingegen, die daran gewöhnt sind, anhand von Prinzipien vernünftige Überlegungen anzustellen, verstehen nichts von den Dingen des Gefühls, da sie darin Prinzipien suchen und nicht auf den ersten Blick erkennen können.« (Frgt. 647)

»Unterschied zwischen dem Geist der Geometrie und dem Geist der Feinheit. In dem einen sind die Prinzipien greifbar, aber dem alltäglichen Gebrauch fremd (...). Im Geist der Feinheit aber sind die Prinzipien im alltäglichen Gebrauch und vor aller Augen. (...) Die falsch ausgerichteten Geister aber sind nie feinsinnig, noch sind sie Geometer. Die Geometer, die nur Geometer sind, haben also einen gradlinigen Geist, vorausgesetzt, man erklärt ihnen alles genau mit Definitionen und Prinzipien; andernfalls werden sie falsch und unerträglich, denn sie sind geradlinig nur auf der Grundlage genau erhellter Prinzipien. Und die Feinsinnigen, die nur feinsinnig sind, können nicht die Geduld aufbringen, bis zu den ersten Prinzipien der spekulativ und bloß vorgestellten Dinge hinabzusteigen, die sie noch nie auf der Welt gesehen haben und die ganz und gar außer Gebrauch sind.« (Frgt. 694)

»Das Herz hat seine Gründe, die die Vernunft nicht erkennt: Man weiß das aus tausend Gründen.« (Frgt. 8)

»(...) ist er vor die Augen des Herzens getreten, die die Weisheit sehen!« (Frgt. 342)

Zur Erkenntnis gehört nicht nur die Bestimmung ihrer Gegenstände und die hierzu passenden und entsprechenden Erkenntnisformen, die auf dem vorherigen Wege erörtert wurden. Bedeutsam sind auch die *Zugänge* zur Erkenntnis. Vorsicht ist hier geboten, denn es ist an die jeweilige Eigenheit und Eigenständigkeit der einzelnen Pensées zu erinnern. Die Gedanken Pascals zu den Zugängen der Erkenntnis können nicht in eine einfache, vergleichende Systematik und Korrelation mit den Gedankengängen des vorherigen Weges gebracht werden. Zu heterogen sind die Wege der einzelnen Pensées. Bezüge und Korrelationen zwischen ihnen sind nicht ausgeschlossen, dürfen aber keinesfalls vorausgesetzt werden. Der Hinweis darf genügen, dass etlichen *Kommentatoren* Pascals eine solche Systematisierung in Teilen sehr erfolgreich, aber eben nie erschöpfend gelungen ist. Die Konzentration soll sich daher auf die in diesem Weg vorgestellten Fragmente richten. Pascal spricht in diesen drei Zugänge der Erkenntnis an: den Geist der Geometrie, den Geist der Feinheit und die Augen des Herzens. Es kann dabei auch von *Methoden* der Erkenntnis gesprochen werden. Eine Methode ist im ursprünglichen Sinne des griechischen Begriffs μέθοδος (méthodos) ein *Nachgang* und somit ein reflexives Nachverfolgen des schon erfolgten Zugangs. Somit darf dieser nun zu gehende Weg der *Zugänge der Erkenntnis* auch als eine Art *Rede* dieses Nachverfolgens im Sinne einer kleinen *Methodenlehre* Pascals verstanden sein.

In den Fragmenten 647 und 694 erörtert Pascal vergleichend die beiden oben genannten Zugänge des Geistes der Geometrie und des Geistes der Feinheit. Was aber kann hier mit *Geist* überhaupt gemeint sein? Der Blick auf den von Pascal verwendeten französischen Begriff *esprit* mag einen entscheidenden Wink geben. Dieser beinhaltet neben dem Hinweis auf die geistige Tätigkeit des Erkennens auch die damit verbundene Be*geist*erung. Das von Pascal in Fragment 207 erwähnte *gute Denken* ist mit dieser Begeisterung der Erkenntnis verbunden. Welch ein *Juwel* des Lebens ist die Erkenntnis. Die Zugänge sind geöffnet, die Wege sind nur zu gehen. Das aber bedarf eben auch der freudigen Mühe der Arbeit dieses Einübens. Wer könnte besser als Beispiel für eine solche gelingende Arbeit eines guten Denkens auf den zwei geöffneten Wegen des Geistes dienen als ein weiteres *Genie* eines späteren Zeitalters?

Johann Wolfgang von Goethe (1749–1832) vermerkt im Reisetagebuch über seine *Italienische Reise* am 9. Oktober 1786 zu seinen stundenlangen Untersuchungen der Flora und Fauna der Lagune, während seines Aufenthaltes in Venedig:

>»Ich wende mich mit meiner Erzählung nochmals ans Meer, dort habe ich heute die Wirtschaft der Seeschnecken, Patellen und Taschenkrebse gesehen und mich herzlich darüber gefreut. Was ist doch ein Lebendiges für ein köstliches, herrliches Ding! Wie abgemessen zu seinem Zustande, wie wahr, wie seiend! Wie viel nützt mir nicht mein bisschen Studium der Natur, und wie freue ich mich, es fortzusetzen!«

Im Anschluss hieran beschreibt Goethe dann in Einzelheiten seine Beobachtungen im Stil einer Verhaltensforschung. Goethe ist begeistert. Und beide *Geister* sind in ihm in ihren Zugängen zu den Dingen und zur Welt präsent: der Geist der Geometrie in der detaillierten und vertiefenden Betrachtung der *Wirtschaft* der kleinen Meerestiere und der Geist der Feinheit in der intuitiven Wahrnehmung der Erhabenheit der sich vor ihm ausbreitenden Schönheit und Lebendigkeit. »(...) wie wahr, wie seiend!« ruft er aus. Darin liegt die unmittelbare Achtung dessen, was sich ihm zeigt, und die Freude über die *lebendige* Verbundenheit im Akt der Wahrnehmung mit dem, was wahrgenommen wird. Einfach anders ausgedrückt: Goethe hat die gesamte Situation intuitiv *im Blick* und er *durchblickt* zugleich die Grundsätze des Zusammenwirkens des, wie auf einer Bühne sich präsentierenden, Schauspiels des Lebens.

Ein weiteres Beispiel zum Verständnis der Unterscheidung des Geistes der Geometrie und des Geistes der Feinheit aus einer vielleicht gewöhnlichen und eher alltäglichen Erfahrung sei angeführt.

Es gelingt nach Stunden starker Konzentration, eine komplizierte mathematische Beweisführung bis zum Ende hin selber erklärend nachzugehen und deren Prinzip, deren Grundsatz, zu verstehen. Hoffentlich viele Menschen können die Freude über einen solchen Lernerfolg aufgrund eigener Erfahrung für sich bestätigen. Eine andere *Szene*: Bei einem Familientreffen gelingt es, die hoch komplexe Situation des zeitlichen Anlasses, die räumlichen Begebenheiten des Treffens, die aktuelle Stimmungslage der Beteiligten und das *Gewebe* der Beziehungen und Beziehungsgeschichten innerhalb der Familie intuitiv auf einen Blick zu erfassen. Dementsprechend kann eine reflexive und kritische im Sinne einer feinsinnigen Unterscheidung geprägte Haltung eingenommen werden, womit eine klare Sicht auf die möglichen Einbringungen ins Geschehen und in die Gespräche und deren Folgen korrespondiert. Welch ein *Glück* für alle, denen eine solche Intuition, eine solche *Feinheit* des Geistes zukommt. Zur Verdeutlichung des Gemeinten sei gleich die Wendung der genannten *Szenen* in den jeweiligen Mangel benannt. Beim Familienfest wird darum gestritten, wer die *Wahrheit* über und in der Familiengeschichte, dem vermeintlichen Glück oder Unglück, gepachtet hat. Viele Anwesende verhalten sich wie *Elefanten im Porzellanladen* und das Familientreffen verläuft desaströs, d.h. es wird von keinem guten *Stern* (griechisch ἀστήρ, aster) begleitet. Die andere Situation: Der

Verzweiflung nahe kann die notwendige Geduld für die Beweisführung des mathematischen Grundsatzes nicht aufgebracht werden. Wofür soll etwas so Abstraktes, das »im alltäglichen Gebrauch fremd« und eigentlich unsichtbar ist, überhaupt gelernt werden?

Es bedarf an dieser Stelle wahrscheinlich nicht vieler weiterer Worte und Beispiele, um die Unterscheidung der beiden Wege, die von Pascal in den Fragmenten 647 und 694 angesprochen werden, aus eigener Erfahrung heraus zu erfassen. Das, was Pascal den Geist der Geometrie nennt, beschreibt die Geradlinigkeit und Ausdauer in der Fixierung auf einen Grundsatz im mathematisch-naturwissenschaftlichen Verständnis. Der von Pascal beschriebene Geist der Feinheit bezeichnet im heutigen Sprachgebrauch die Intuition, den Feinsinn und das Gespür. Was ist damit angesprochen? Intuition bedeutet vom lateinischen *intuitio* her das Erscheinen eines Bildes auf der Oberfläche eines Spiegels. Im intuitiven Erfassen erscheint demnach die komplexe Wirklichkeit einer Situation auf dem Spiegel unseres *Geistes*. Alle notwendigen Grundsätze sind dabei »im alltäglichen Gebrauch und vor aller Augen«. Die mehr oder weniger große *Feinheit* dieses Spiegelbildes der Wirklichkeit hängt von der Stärke oder Schwäche des Gespürs, des Gefühls, der Wahrnehmung und der gedanklichen Einsicht im Erfassen der Komplexität ab. Dafür bedarf es eines *guten Auges*, einer *guten Nase*, *eines guten Gehörs*, eines *guten Geschmacks*, einer *gut ertastenden Hand* und der Geistesgegenwärtigkeit.

Beide Zugänge der Erkenntnis, der Geist der Geometrie und der Geist der Feinheit, sind in jedem Menschen bis zu einem jeweiligen gewissen Niveau angelegt. Pascal nennt etwas zynisch jene die »falsch ausgerichteten Geister«, die weder dem Geist der Geometrie noch dem der Feinheit zugeneigt erscheinen. In anderen Übersetzungen wird, vielleicht etwas sinnbildlicher ausgedrückt, für die im französischen Original benannten *les esprits faux* der Begriff *Wirrköpfe* verwendet. Zudem folgert Pascal aus seiner Beobachtung, dass Menschen tendenziell mehr oder weniger in der Bildung und Ausgestaltung eines der Erkenntniszugänge größere Stärken vorweisen als in der des jeweils anderen. Es gibt wohl nur wenige Ausnahmen dabei: Zurückkommend auf das erste Beispiel sei auf Goethe hingewiesen, in dem sich die Begeisterung und eine außergewöhnlich immense Intensität des Geistes in seinen beiden Zugängen, dem der Geometrie und dem der Feinheit, zur Welt vereint.

Als Randnotiz sei vermerkt: Einige *Kommentatoren* der Pensées schreiben Pascal aufgrund dieser kleinen Methodenlehre zum Geist der Geometrie und zum Geist der Feinheit die ursprüngliche *Entdeckung* der Unterscheidung von Naturwissenschaften und Geisteswissenschaften zu. Diese Zuschreibung steht wissenschaftstheoretisch und -historisch allerdings auf sehr *tönernen Füßen.* Ob in der Gegenwart die angedeutete Unterscheidung mit den unterschiedlichen Erkenntnismethoden überhaupt noch haltbar und auch relevant ist, bedarf einer Erörterung an anderer Stelle. Das Augenmerk sei vielmehr jetzt auf den in den Fragmenten 8 und 342 angedeuteten Zugang der *Augen des Herzens* gerichtet.

Bedarf es nicht zusätzlich dieses weiteren Zuganges der Erkenntnis, die Pascal in den genannten Fragmenten anspricht? Er nennt ihn die Sehkraft der *Augen des Herzens.* Was kann darunter überhaupt verstanden werden? Wie kann das Herz *Augen* haben? Und welche *Gründe* kann das Herz haben, die dem *Verstand* nicht zugänglich sind? Für die Übersetzung des französischen Begriffs *raison* ist auch an dieser Stelle *Verstand* wiederum erhellender als *Vernunft*! Denn warum sollte das Herz mit seinen eigenen Gründen nicht auch an der Ermöglichung von *Vernunft* mitwirken und an dieser teilhaben können? Beziehen sich die Gründe daher gegebenenfalls auf einen *Grund,* in dem das Herz gründet, welchen der Verstand nicht kennt? Und kann aus diesem Grund heraus das Herz die *Weisheit* sehen? Was aber *ist* diese Weisheit im Verhältnis zur Vernunft? Ist sie eine spezielle Art oder ein Teil der Vernunft? Gibt es eine *weise* Vernunft? Oder sind die Vernunft, die durch den Verstand ermöglicht werden kann, und die Weisheit, die sich den Augen des Herzens offenbart, etwas substanziell Verschiedenes? Korrespondiert die Vernunft mit der Weisheit? Oder widersprechen sie sich zumindest zuweilen? Zudem: In welchem Verhältnis stehen der Geist der Geometrie und der Geist des Feinsinns zu der *Sehkraft* der Augen des Herzens? Diese Fragen seien am Ende dieses Weges in den Horizont der folgenden Wege über die *Ordnungen* und das *Herz* gestellt. Auf diesen werden sie wieder aufgegriffen und besonders auf dem Weg mit den Betrachtungen über das *Herz* intensiver erörtert. An dieser Stelle sei lediglich der Hinweis erlaubt, dass sie in den Pensées einen zentralen Platz einnehmen und auch für das heutige Verständnis vom Menschen und seinem Platz in der Welt von wohl nicht zu unterschätzender Bedeutung sind.

Achter Weg: Die Ordnungen

»Das Herz hat seine Ordnung, der Geist hat die seine, die auf Grundsatz und Beweisführung beruht. Das Herz hat eine andere. Man beweist nicht, dass man geliebt werden muss, indem man die Gründe für die Liebe geordnet darlegt; das wäre lächerlich.« (Frgt. 333)

»Aller Glanz der Größen hat für diejenigen keine Leuchtkraft, die sich der geistigen Suche widmen. Die Größe der Geistesmenschen ist den Königen, den Reichen, den Feldherren, all diesen Großen des Fleisches, nicht ersichtlich. Die Größe der Weisheit (...) ist den Fleischlichen und den Geistesmenschen nicht ersichtlich. Das sind drei verschiedene Ordnungen. Der Art nach. (...)
Alle Körper, das Firmament, die Sterne, die Erde und ihre Königreiche wiegen nicht den geringsten der Geister auf. Denn er erkennt all dies und sich, und die Körper nichts. Alle Körper zusammen und alle Geister zusammen und alle ihre Erzeugnisse wiegen nicht die geringste Regung der (...) Liebe [zu Gott][6] auf. Diese gehört einer unendlich höheren Ordnung an. Aus allen Körpern zusammen wüsste man nicht einen kleinen Gedanken hervorzubringen, das ist unmöglich und gehört einer anderen Ordnung an. Aus allen Körpern und Geistern wüsste man nicht eine kleine Regung wahrer (...) Liebe zu gewinnen, das ist unmöglich und gehört einer anderen, übernatürlichen Ordnung an.« (Frgt. 342)

Das Leitmotiv dieses Weges klingt verheißungsvoll. Führt mit der Beschreibung von *Ordnungen* dieser Weg mit Pascal nicht zu einem Ende der Suche nach Gewissheit? Werden die *Dinge* auf diesem Wege jetzt etwa nicht geordnet zu Ordnungen? Und beinhalten diese Ordnungen nicht das Versprechen von zu erlangenden oder gar schon erlangten Gewissheiten? Führt das *gute Denken*, worin sich für Pascal die Würde des Menschen zeigt und manifestiert, nicht doch noch aus der Ausgangslage der Abgründigkeit der Lage des

---

6 Ergänzung nach der Übersetzung in der Herausgabe von Ewald Wasmuth von 2001, dortige Zählung Frgt. 793. Wasmuth übersetzt charité mit »Liebe zu Gott«. Sylvia Schiewe in der Herausgabe von Sellier II wählt in der Übersetzung »christliche Liebe«. *Charité* geht auf das lateinische *caritas* zurück. Das eröffnet mehrere Interpretations- und damit Übersetzungsmöglichkeiten. An dieser Stelle wird vorgeschlagen den Begriff *wahre Liebe* zu nehmen, denn die *Wahrheit* der Liebe offenbart sich in den drei Dimensionen der Liebe zu Gott, der Liebe zum nächsten Menschen in Barmherzigkeit und Solidarität und der Liebe des eigenen Selbst.

Menschen heraus? Die existenzielle Verlorenheit des Erschauderns in den unendlichen Räumen korrespondierend mit der Einsicht in die Absurdität der Einsamkeit der *Kerker,* können sie nicht doch mittels der Ordnungen überwunden werden? Kann das *gute Denken* nicht zu einem *guten Ende* führen? Erlauben das Vermögen der Erkenntnis über die in sich geordneten Prinzipien des *Kennens,* des *Erkennens* und *Bekennens* und die klare Sicht Pascals auf die Methoden des Geistes der Geometrie, des Geistes der Feinheit und der Sehkraft der *Augen des Herzens* als schon ordnende Zugänge zur Erkenntnis nicht die Einsicht in die Gründe der zunächst erschreckenden Rätselhaftigkeit des und der Menschen?

Nun darf auch an dieser Stelle wieder bedacht sein, dass eine Systematisierung, und damit selbst ein Ordnen der Gedanken innerhalb schon nur eines Fragmentes und dann erst besonders von Gedankengängen aus mehreren Fragmenten, ein in sich fast unmögliches und teils auch gewaltsames Vorgehen an diesen Gedanken selbst bedeuten kann. Von daher ist der Begriff *Ordnung* im Kontext der Pensées, über deren eigene Ordnung als Reihung selber schon durch die Jahrhunderte kein Einvernehmen besteht, verdächtig. Es könnte sich um einige wenige Geistesblitze Pascals handeln, deren Zusammenhang mit seinen restlichen Gedanken gegebenenfalls lose oder auch brüchig sein könnte. Und dennoch: In diesem Ordnen zu Ordnungen findet eine Standortbestimmung im Sinne eines Hinordnens, Zuordnens wie auch Abordnens statt, die eine Struktur sichtbar werden lässt. Es handelt sich wie um eine Art Zwischenresümee des Denken Pascals ausgehend von der existenziellen Ungewissheit und der Abgründigkeit des Menschen. Deutlich wird aber auch: Diese Ausgangslage wird reflektiert, aber keinesfalls überwunden.

In Fragment 333 spricht Pascal die unterschiedlichen Ordnungen des Geistes und des Herzens an. Zur Unterscheidung greift er wohl besonders auf den Grundsatz und die Beweisführung des Geistes der Geometrie zurück und positioniert diese gegenüber der Liebe, die ihre eigenen Gründe und vielleicht auch Grundsätze in der Ordnung des Herzens hat. Die von Pascal getroffene Unterscheidung ist zugänglich und nachvollziehbar: Dass Menschen liebenswert sind, können sie nicht beweisen, weder im mathematisch-naturwissenschaftlichen Sinne noch in einem intuitiven *Blick* auf sich selbst, in welchem sie ihre zahlreichen Vorzüge erkennend benennen. Das wäre in der Tat lächerlich. So klappt das nicht mit der Liebe. Interessant ist allerdings dabei auch, dass gerade Pascal auf die Liebe zu sprechen kommt. An anderer Stelle in Fragment 442 macht er sich geradezu lustig über die Liebe und die am Anfang stehende Verliebtheit. Ursache der Liebe sei ein *»gewisses Etwas«*, das unaussprechlich und somit wohl dem Verstand und der Ordnung des Geistes unzugänglich ist. Das könnte seine These über eine eigene Ordnung des Herzens, in der die Gründe der Liebe bewahrt sind, unterstützen. Im Weiteren spricht er dann von den entsetzlichen Wirkungen der Liebe, da sie die Eitelkeiten der Menschen auf den Plan ruft und Neid, Missgunst, Eifersucht, Rache und gar Kriege entfacht und befeuert. Nun auch das mag in hoffentlich nur abgemilderten Formen wohl bekannt sein, dass die Liebe in der beginnenden Verliebtheit dieses ja einzigartige *gewisse Etwas* hat und ihre Wirkungen verheerende Folgen auslösen können. Als kurze Randnotiz vermerkt kann dabei vielleicht erhellend sein, dass Pascal die Enttäuschung mit einem Schiffbruch in der Liebe gerade bei seinem Versuch einer Annäherung und Eingewöhnung in die *Pariser Gesellschaft* widerfuhr. Einer Vermutung nach hat er diese Enttäuschung nie überwunden. Er flüchtete vor den Frauen und der Gesellschaft in eine zunehmende Abgeschiedenheit von der Welt.

Die in Fragment 333 von Pascal beschriebene Unterscheidung der Ordnung der Liebe von der Ordnung des Geistes beziehungsweise der Geister erhält in den Gedanken in Fragment 342 eine Erweiterung und eine vertiefende Darstellung. Zu den schon genannten zwei Ordnungen des Geistes und der Liebe tritt nun auch die der *Körper* und des *Fleisches*. Was ist unter der zuletzt genannten Ordnung zu verstehen? Pascal nennt in diesem Zusammenhang die *Größen* dieser Ordnung: Könige, Reiche, Feldherren. Politik, Macht und Gesellschaft. Aus heutiger Sicht wären beispielsweise herausragende Persönlichkeiten im Bereich des Leistungssportes und der Welt der Medien zu nennen. Der irdische Glanz und Glamour stehen dabei mit im Blickpunkt. Hinzu kommen die *materiellen* Körper wie die der Planeten, der Sterne und der Galaxien. Alle Menschen leben in dieser Ordnung. Sie bestimmt unsere Gewohnheiten und den Alltag, das politische Denken und das gesellschaftliche Leben. *Neben* dieser Ordnung besteht die Ordnung des Geistes. In dieser steht die Tätigkeit des Geistes der Geometrie und des Geistes der Feinheit im Mittelpunkt. Die inspirierte und neugierige Suche, das Erforschen der Natur, der Gesellschaft, der Kultur und des Denkens selbst *erfül-*

len den Geist in dieser Ordnung. Der irdische Glanz der Größen der Ordnung des Körpers besitzt hier keine »Leuchtkraft«. Neben dem Bereich der Wissenschaften sind hier zahlreiche weitere Gruppen von Menschen und Berufen aus den Bildenden Künsten und der Philosophie miteinbezogen. Im Grunde leben alle Menschen mit jeweils mehr oder weniger Intensität auch in dieser Ordnung. Nochmals *neben* dieser Ordnung besteht nach Pascal eine dritte: die Ordnung der Liebe und der Weisheit. Im Fokus steht dabei nicht die Liebe auf der Ebene zwischen zwei Menschen wie gegebenenfalls in Fragment 333. Hier geht es um die Liebe und die Weisheit der Liebe und damit um das *Reich* der Liebe zu Gott, die eine je ausgewogene Nächstenliebe und Selbstliebe miteinbezieht. Die *Leuchtkraft* dieser Ordnung hat nichts von dem Glanz der *Größen* in den beiden anderen Ordnungen. Den Größen dieser Ordnung genügt *Gott* allein. An anderer Stelle in Fragment 342 führt Pascal selbst als Beispiel für eine Größe dieser Ordnung Jesus Christus an. Dieser habe in den Ordnungen des Körpers und des Geistes keinerlei große Leistungen erbracht. Er war kein erfolgreicher Feldherr, kein Staatsmann, kein Stern der Gesellschaft oder der Künste und hat auch keine beachtliche Erfindung vorzuweisen. Gemäß den Werten der Ordnung des Körpers und auch denen der Ordnung des Geistes war er im Grunde erfolglos. Was lässt sich aber dann unter der Größe in der Ordnung der Liebe und der Weisheit überhaupt vorstellen? In einem Kommentar zu den Psalmen des Alten Testamentes fand sich eine nach Rücksprache mit einschlägigen Theologen wissenschaftlich nicht haltbare Aussage, die dennoch hier sinnbildlich für die Größe dieser Ordnung stehen mag. Dort hieß es, dass Jesus Christus den gesamten Psalter nachts rezitierte und über die einzelnen Psalmen meditierte. Von dieser Annahme ausgehend wäre es verständlich, dass er in dieser fundamentalen seelischen Ausrichtung auf Gott und seiner Weisheit hin, in dieser Liebe, die Kraft für sein Wirken unter den Menschen fand und sammelte. Nun ist aber auch für die Ordnung der Liebe und der Weisheit festzuhalten, dass alle Menschen in ihr mit mehr oder weniger Intensität leben.

Bei einer systematischen Zuordnung der Zugänge der Erkenntnis zu diesen drei unterschiedlichen Ordnungen ist, wie schon erwähnt, aufgrund der Eigenständigkeit der einzelnen Pensées Zurückhaltung zu üben. Pascal selbst schreibt der Ordnung der Liebe und der Weisheit die Sehkraft der *Augen des Herzens* zu. Nur diese vermögen die Weisheit zu schauen und korrespondieren mit einer eigenen *Logik des Herzens*. Auf diese wird auf den kommenden Wegen bei der Erörterung des *Herzens* noch näher eingegangen. Der Geist der Geometrie und der Geist der Feinheit haben ihre Wirkmächtigkeit in der Ordnung des Geistes. Zugleich ist nur mittels ihrer die Ordnung der Körper erkennbar und begreifbar. Denn wie Pascal betont, die *Körper* selber können nichts erkennen.

Wie sieht es nun mit der *Zuordnung* der drei Ordnungen untereinander aus? Was könnte damit gemeint sein, wenn Pascal bezüglich der Ordnung der Liebe und der Weisheit von einer »unendlich höheren« und sogar »übernatürlichen« spricht? An dieser Stelle sei ein Rückgriff auf eine Beschreibung von Hans Urs. v. Balthasar erlaubt: *Die Augen Pascals*. Nur durch diese Augen, aus dem Blick Pascals, kann diese Zuordnung ersichtlich werden. *Höher* meint hier eben nicht moralisch wertvoller oder gar nützlicher. *Höher* meint hier den Punkt, von welchem aus die Zuordnung der drei Ordnungen überhaupt erst erkennbar ist. Erst von dem *Punkt* der Ordnung der Liebe und der Weisheit aus wird die »Natur«, im Verständnis der Grundwirklichkeit der Ordnung des Körpers und der des Geistes, sichtbar. Und die *Augen Pascals* erkennen, dass zwischen diesen drei Ordnungen jeweils unendliche Abstände bestehen. Und dennoch leben Menschen in diesen drei Ordnungen. Die drei Ordnungen mit diesen unendlichen Abständen durchziehen das Gewebe des Menschlichen und das der Welt insgesamt. Wie aber kann *etwas*, das untereinander unendlich verschieden ist, in einem Menschen und in einer Welt sein? Zunächst wird im Sinne der von Pascal betriebenen Logik ersichtlich, dass aus allen Körpern zusammen kein Gedanke entzündet werden kann. Und wiederum aus allen Körpern und zudem mit allen Gedanken, Ideen, wissenschaftlichen und geistigen Erkenntnissen, allen Philosophien und Weltanschauungen zusammen entsteht nach Pascal keine Regung der Liebe und der mit Gott verbundenen Weisheit. Das ist vielleicht an dieser Stelle wichtig zu betonen, es geht in der Ordnung der Liebe und der Weisheit nicht um die von Menschen in ihrem Leben gesammelten *Weisheiten*. Die Gott von Beginn der Schöpfung an begleitende Weisheit ermöglicht dem Menschen bei ihrer Erkenntnis durch die Sehkraft der *Augen des Herzens* die Schau der Ordnungen der Welt und der Position des Menschen in diesen Ordnungen. Dass zwischen diesen Ordnungen ein unendlicher Abstand besteht und sie dabei in *uns* sind, ist ein Sinnbild für die im Menschen bestehende Abgründigkeit. *Wir* können keine Einheit finden und schauen auf *uns* und in *uns* selbst in einem zersplitterten Spiegel, der auch bei aller Achtsamkeit nie zu kitten ist. Dem Kerker und damit dem Absurden ist nicht zu entgehen. Etwas spöttisch darf die legitime Frage gestellt sein, wozu diese Einsichten nützlich sein sollen. Vermehren sie nicht das Unglück der Menschen im Bewusstwerden ihrer Lage? Sind nicht die Menschen glücklicher und kommen gegebenenfalls besser durch das Leben und in den Tod, die in der von Geburt an allen Menschen gegebenen »natürlichen Unwissenheit«, von der Pascal in einem anderen Pensée in Fragment 117 spricht, verbleiben und verharren?

Zusammenfassend kann an dieser Stelle kurz vor Ende dieses Weges festgehalten werden, dass Pascal in der Beschreibung der Ordnungen des Körpers, des Geistes und der Liebe und der Weisheit und der diesen von ihm zugeschriebenen Zuordnungen einen Kosmos in einem ursprünglichen Sinne des griechischen Begriffs κόσμος (kosmos) als Weltenordnung entwirft. Die Sicht dieses Entwurfes erlaubt zumindest die Erkenntnis der absurden Lage des Menschen in seiner existenziellen Verlorenheit des *Kerkers*. Ändern kann der Mensch diese Lage jedoch nicht. Seine Würde liegt im Denken und der Erkenntnis seiner Lage in diesen Ordnungen. Dieser pascalsche Kosmos ordnet das Chaos des Lebens und der Welt und dient dem Menschen »(...) zumindest dazu, sein Leben zu regeln. Etwas Richtigeres gibt es nicht« (Frgt. 106, siehe auch den Weg *Erkenntnis und Selbsterkenntnis*). Und über die Fragen und Formen der individuellen Lebenshaltung und -führung hinausgehend liefert dieser pascalsche Kosmos durchaus auch Möglichkeiten der Betrachtung einzelner Unterordnungen in der Ordnung der Körper und der Ordnung des Geistes und damit in den Gestaltungsräumen von Gesellschaft und Kultur. An dieser Stelle erweist Pascal sich als ein Denker ohne jegliche Illusionen. Zwei Beispiele, die auch auf Quellen von Schriften Pascals außerhalb der Pensées basieren, seien hier kurz angeführt. Das Hauptziel der Politik sah Pascal in der Vermeidung von Chaos und Zerstörung, die zu seiner Zeit in vielfachen politischen Unruhen und Kriegen wüteten. Um dieses Ziel zu erreichen, bedarf es einer politischen Ordnung, die den dem Menschen innewohnenden Hass in Grenzen hält und ihn hierfür in Teilen seiner Begehrlichkeiten schmeichelnd bedient. »Alle Menschen hassen einander von Natur aus«, schreibt Pascal in Fragment

189 und in Fragment 190 führt er fort, dass man »bewundernswerte Regeln für die öffentliche Meinung, die Moral und die Gerechtigkeit auf der Begierde begründet und aus ihr herleitet.« Die Macht als Faktum fußt darauf, den Menschen über das Regieren glauben zu machen, dass ihre Gewohnheiten im alltäglichen und politischen Leben richtig seien. Das Recht dient der Durchsetzung der politischen Ordnung, die sich nie auf eine Wahrheit, sondern auf den *Schein des Richtigen* bezieht. Wer eine politische Ordnung zu bewahren beabsichtigt, muss Überzeugungen für die Beibehaltung der Gewohnheiten leisten. Wer die politische Ordnung umzustürzen erachtet, muss das Gegenteil tun. Die Inhalte der Überzeugungen sind eher beliebig. In Fragment 95 weist Pascal darauf hin, dass Gerechtigkeit nicht mehr als eine Mode sei. Und: In Fragment 100 ergänzt er, dass es für die Regierenden notwendig sei, die bestehenden Gesetze als gerecht zu bezeichnen, weil sonst das *Volk* ihnen nicht *gehorchen* würde. Das *Recht des Scheins*, so resümiert der Philosoph Hans Blumenberg (1920-1996) in seiner Erörterung über die *menschlichen Ordnungen* bei Pascal, ist eine zentrale politische Logik der Ordnung des Körpers und des Fleisches. Ist diese Vorstellung mit Blick auf die heutigen politischen und auch kriegerischen Konflikte in der Welt als überholt von der Hand zu weisen?

Im Bereich der Pädagogik[7] entspricht dieser Vorstellung von Politik und Recht ein Verständnis von Erziehung als einer Kunstfertigkeit der *rechten* Gewöhnung. Die Gewohnheiten sind so in den Kindern und jungen Menschen anzulegen und zu pflegen, dass sie selbst in diese freiwillig und mit Überzeugung einwilligen. *Überzeugung* beinhaltet dabei die Einsicht, dass diese Gewohnheiten die Voraussetzungen für das Regeln des eigenen Lebens in der Gesellschaft gewährleisten werden. Für die erste Hälfte des siebzehnten Jahrhunderts klingt die Idee einer solchen Pädagogik schon sehr ansprechend und geradezu *human*. Aber auch bei dieser Vorstellung

---

7 Pascal stand in einer sehr engen Beziehung zur religiösen Bewegung des Jansenismus, die in Port Royal in Paris ihren Hauptsitz hatte. Das Denken Pascals prägte nicht unwesentlich die Pädagogik dieser Bewegung. Ohne an dieser Stelle detaillierter auf diese Bewegung, ihre Prinzipien und Ziele eingehen zu können, sei der Hinweis hinreichend, dass der Jansenismus innerhalb der katholischen Kirche höchst umstritten war. Er stand in einem tiefgreifenden Konflikt mit den Jesuiten und wurde schließlich vom Vatikan als häretisch verboten. Die politischen Implikationen führten zur Schließung und Zerstörung von Port Royal.

von Pädagogik bleibt die Frage mit einem mit ihr verbundenen Unbehagen bestehen, wer welche Gewohnheiten da anpreisen und pflanzen möchte und mit welchem Ziel. Politik und Pädagogik, das ist eben auch in Teilen eine zum Unheil tendierende Verbindung, wenn Politik der Pädagogik gegebenenfalls ideologische Vorgaben über die zu erreichenden Ziele macht.

Die beiden Beispiele mögen die Bedeutung eines umfassenden Bedenkens der Ordnungen im Sinne des pascalschen Kosmos, bis in die individuellen, gesellschaftlichen und politischen Lebenswirklichkeiten hinein, verdeutlichen. Tatsächlich wäre ein Weiterdenken über die *Macht der Gewohnheiten* nicht nur in der individuellen Lebensführung, sondern auch im gesellschaftspolitischen Bereich, eine lohnenswerte Aufgabe über das Ende dieses Weges hinaus.

III Das Herz und die Herzensbildung

Neunter Weg: Das Herz

>»Diesen Leuten fehlt es an Herz. Man würde keinen von ihnen zum Freund nehmen.« (Frgt. 638)

>»Man zieht das Ohr nur zu Rate, weil es einem an Herz fehlt.« (Frgt. 528)

>»Das Herz hat seine Gründe, die die Vernunft nicht erkennt: Man weiß das aus tausend Gründen. Ich sage, dass das Herz das allumfassende Wesen auf seine natürliche Weise liebt, und sich selbst auf natürliche Weise, je nach dem, wem es sich hingibt. Und es verhärtet sich gegen das eine oder andere, gemäß seiner Wahl. Ihr habt das eine verworfen und das andere bewahrt: Geschieht es aus Gründen der Vernunft, dass ihr euch liebt?« (Frgt. 8)

In Fragment 638 spricht Pascal darüber, dass es »Leuten« an Herz fehlen kann. Wie ist das zu verstehen? Kann es Menschen an *Herz* fehlen? Oder haben sie das Herz vielleicht einfach nicht am *rechten Fleck*? Aber was ist der *rechte Fleck*, die richtige Stelle für das Herz? Mit dieser Frage ist das angesprochen, was Pascal mit Bezug auf die Freundschaft ausführt. Zur Freundin oder zum Freund taugen nur jene, die das Herz am *rechten Fleck* haben und denen es nicht an Herz fehlt. Damit verbunden sind Werte wie Aufrichtigkeit und Ehrlichkeit im Zusammenhang mit emotionaler Zuneigung und Verbundenheit. Das klingt zunächst vielleicht etwas banal. Der Hinweis aus diesem Gewöhnlichen heraus zeigt jedoch schon zwei zentrale *Bestandteile* des Herzens auf: Werte, Prinzipien und eine mit ihnen verbundene Haltung. So wird dann auch die Aussage Pascals in Fragment 528 zugänglich, wobei das *Ohr* in diesem Gedanken eine negative Konnotation erhält, die nicht zwingend ist. Was meint Pascal damit, dass Menschen ein Ohr zu Rate ziehen, wenn es ihnen an Herz fehlt? Das Ohr als Organ des Hörens in der Verbindung mit dem Herz hat im Grunde eine positive Bedeutung. Das *hörende Herz*, ist das nicht eine wunderbare Vorstellung? Im ersten Buch der Könige im Alten Testament (1 Kön 3,5–15) bittet König Salomo Gott um ein *hörendes Herz*. Dies soll ihm die Weisheit offenbaren für ein gutes und richtiges Regieren. Das *hörende Herz* bekommt hier die gleiche Bedeutung wie die *Augen des Herzens*. Es geht um das *Schauen* und *Hören* der Weisheit, die nicht zu besitzen, sondern *nur* anschaubar und hörbar ist. Was aber treibt Pascal in seinem Gedanken zu dieser Betrachtung des Ohrs als Notbehelf für ein fehlendes Herz? Steht das Ohr dabei noch für das *Hören* oder nicht schon für die *Hörigkeit*? Wem es an Herz fehlt, der wird zur Hörigkeit verleitet und zieht in diesem Sinne schnell sein Ohr zu Rate, um auf das zu hören und dann auch das zu tun, was andere ihm sagen und erzählen, ohne sein Herz auf die Richtigkeit dessen zu befragen oder eben wegen des fehlenden oder mangelnden Herzens befragen zu können. Wem es an *Herz fehlt,* dem fehlt es auch an Werten, Prinzipien und einer entsprechenden und angemessenen Haltung. Vielleicht verbinden sich mit diesen Fragestellungen und Interpretationen zu den beiden am Anfang gesetzten Fragmenten die folgenden Assoziationen. Zum einen hat das Herz mit Werten im Sinne moralischer Grundsätze in Verbindung mit Haltung, Persönlichkeit und Charakter zu tun. Zum anderen weist es als Ortsbestimmung auf einen zentralen Bezugs- und Ausgangspunkt im Menschen. Manche Kommentatoren der Pensées bezeichnen auf diesem Hintergrund nachvollziehbar das Herz auch als *Zentrum der Existenz* beziehungsweise *personales Zentrum* (Markus Knapp), *Lebens- und Seinsmitte* (Urs von Balthasar) oder auch *Grundmetapher des Menschen* (Eduard Zwierlein). Es handelt sich dabei um teilweise dem Verständnis nicht einfach zugängliche Begriffe, die eine immens lange eigene Begriffsgeschichte vorweisen und daher sehr vielschichtig sind. Solche Erörterungen sind philosophisch und theologisch äußerst gewinnbringend und in zahlreichen entsprechenden Fachbüchern zugänglich. An dieser Stelle sei jedoch ein anderer Weg über die Reflexion des dritten angeführten Gedankens Pascals gewählt.

Aus dem Fragment 8 wurde auf dem Weg zu den *Zugängen zur Erkenntnis* schon einmal der erste Satz angeführt. Dabei erfolgte der Hinweis auf die eigenen *Gründe* des Herzens wie auch einen gegebenenfalls damit wiederum korrespondierenden eigenen *Grund,* aus dem heraus das Herz eine eigenständige Seh- und Erkenntniskraft habe, die sich dem Verstand entziehe. Weitere Sätze aus dem Fragment nun hinzunehmend wird mit und aus deren Interpretation ein Blick auf weitere Wesensbestandteile des Herzens geworfen. Was ist unter dem »allumfassenden Wesen« zu verstehen, dass das Herz nicht nur erkennt, sondern auch liebt und sich in dieser Liebe ja auch selbst erkennt? Meint Pascal damit *Gott*? Aber was sagt schon der Name *Gott*? Vielleicht so etwas wie eine nicht über den Geist erkennbare Anwesenheit und damit eine *anwesende Abwesenheit*? Das Herz könnte in seiner *liebenden* Erkenntnis dieser anwesenden Abwesenheit, die allumfassend das Weltall und damit alles Bestehende und Lebendige durchströmend *bestimmt*, tatsächlich als *Grundmetapher des Menschen* betrachtet werden. Demnach würde der Mensch im Herzen und mit seinem Herzen den Grund und damit das *Zentrum seiner Existenz* oder anders ausgedrückt sein *personales Zentrum* finden. In der Verbindung mit diesem allumfassenden Wesen wäre das Herz zugleich *Lebensmitte* und *Seinsmitte*. Nun führt Pascal weiterhin aus, dass das Herz auf »natürliche Weise« nicht nur das *allumfassende Wesen*, sondern auch sich selbst liebt. *Natürliche Weise* bezeichnet dabei die Grundwirklichkeit des Herzens. Es gehört einfach zum Herzen, zu lieben. Zwischen der Liebe zum *allumfassenden Wesen* und der Liebe zu sich selbst bedarf es einer Ausgewogenheit. Eine zu große Liebe zu sich selbst führt zur Verarmung der Liebe zum *allumfassenden Wesen*. Diese Unangemessenheit geht einher mit einem *hassenswerten Ich*, wie Pascal an anderer Stelle in Fragment 519 eine zu übersteigerte Eigenliebe benennt. »Wer in sich nicht seine Eigenliebe hasst und jenen Trieb, der ihn dazu bewegt, sich zu Gott zu machen, ist recht blind«, führt er weiter in Fragment 535 aus. Gilt wohl auch die Umkehrung, dass eine zu übersteigerte Liebe zum *allumfassenden Wesen* die Liebe des Herzens zu sich selbst verhärtet? Menschen haben die Wahl, wohlgemerkt eine Herzenswahl, das eine oder das andere zu bewahren oder zu verwerfen. Mit dem Begriff *Wahl* ist keine Wahlfreiheit im Sinne einer Freiheit in der Logik des Verstandes intendiert. Vielmehr weist der Begriff auf das Herz als ständigen abgründigen Ort der Unruhe und Unsicherheit im Menschen hin. Die Ausgewogenheit ist dem Herzen fremd und nicht zu eigen. Pascal gibt sich auch an dieser Stelle keinen Illusionen hin. Des Menschen Herz tendiert in der Regel mehr zu dem *hassenswerten Ich* der überzogenen Eigenliebe. »Das da ist mein Platz an der Sonne«, führt Pascal mit Ironie und einer Prise Zynismus das vielleicht banale und doch bedeutende Lebensprinzip der Menschen in Fragment 98 an. Es geht dann nicht mehr um eine bleibende Nähe zum *allumfassenden Wesen*, sondern um eine Eigenliebe, die sich im Besitzenwollen manifestiert. Da rutscht das Herz schon mal schnell vom *rechten Fleck*.

Was kann mit dieser fortgeführten Interpretation, zusätzlich zum Verständnis des Herzens, festgehalten werden? Das Herz hat eine eigene Erkenntniskraft im *Hören* und *Sehen*. Dabei *erspürt* das Herz auch die Prinzipien, die der Geist später erst *beweist*. Pascal nennt in Fragment 142 als Beispiele die Dreidimensionalität des Raumes und die Unendlichkeit der Zahlen. Die Erkenntnis des Herzens ist durchwoben mit Liebe. Über die Erkenntnis des *allumfassenden Wesens* und in der Liebe zu ihm erkennt das Herz sich im Lieben selbst. Die Augen des Herzens und das *hörende Herz* vernehmen die Weisheit des Eingebundenseins des Menschen in ein tiefgreifendes, dem Verstande unzugängliches *Geheimnis* des Lebens. Die Logik des Herzens ist eine andere als die des Verstandes. Von daher kann das Herz nicht in der Logik des Verstandes selbst verstanden werden. Es wundert nicht, dass die Gedanken über das Herz geheimnisvoll und rätselhaft bleiben für das geistige Erkennen. Denn, wie auf dem letzten Weg ja dargelegt, gehören das Herz und der verständige Geist unterschiedlichen Ordnungen an, zwischen denen ein unendlicher Abstand liegt. Das, was das Herz *ist* und bestimmt, kann letztlich nur er- und gespürt und eben nicht in der Logik des Verstandes begriffen werden. Auf diesem Hintergrund führt dieser Weg nun auf einen Seitenweg, einen Abstecher über das, was Dichtung genannt wird. Die Dichtung eröffnet zuweilen in der *Verdichtung* der Sprache andere Zugänge zur Welt. Auf diesem Seitenweg begegnet zuerst ein *Verständnis* des Herzens bei Rainer Maria Rilke (1875–1926) und dann ein zweites bei Etty Hillesum (1914–1943).

Rilke schreibt in *Die Aufzeichnungen des Malte Laurids Brigge*:

> »Ich lerne sehen. Ich weiß nicht woran es liegt, es geht alles tiefer in mich ein und bleibt nicht an der Stelle stehen, wo es sonst immer zu Ende war. Ich habe ein Inneres, von dem ich nicht wußte. Alles geht jetzt dorthin. Ich weiß nicht, was dort geschieht.«

Das Sehen, welches er an dieser Stelle beschreibt, weist das nicht auf die Sehkraft der *Augen des Herzens* hin? Dieses Sehen lässt das Gesehene in der Welt in eine *tiefere* Dimension hin erscheinen und aufleuchten, die *über* oder auch *unter* das ihm Bekannte hinausreicht. Ist dieses Bekannte nicht das Bewusstsein in der Logik des Verstandes? Aber was sieht Rilke mit den *Augen des Herzens*? Ein

Wink hierzu liefert ein Gedicht aus dem *Buch von der Pilgerschaft*. Dieses Gedicht, das soll nicht verschwiegen werden, war ursprünglich in einer ersten Fassung ein Liebesgedicht an seine zeitweilige Geliebte Lou Andreas-Salome, das schließlich eine Umdeutung der Liebe zu dem erfuhr, was im Sinne Pascals das *allumfassende Wesen* beschreibt.

> »Lösch mir die Augen aus: ich kann dich sehn,
> wirf mir die Ohren zu, ich kann dich hören,
> und ohne Füße kann ich zu dir gehen,
> und ohne Mund noch kann ich dich beschwören.
> Brich mir die Arme ab, ich fasse dich
> mit meinem Herzen wie mit einer Hand,
> halt mir das Herz zu, und mein Hirn wird schlagen,
> und wirfst du in mein Hirn den Brand,
> so werd ich dich auf meinem Blute tragen.«

Dieses *allumfassende Wesen*, mag es *Gott* genannt sein, ist Grund und zugleich Ziel des Begehrens des Herzens. Nichts kann das Herz aufhalten in dieser *Liebe*. Es fasst das Geheimnis der *anwesenden Abwesenheit* wie mit einer Hand selbst dann, wenn alles Erkennen über die sinnliche Wahrnehmung und den Verstand versagt und verzagt. Das *Blut* des Herzens *trägt* dieses Geheimnis selbst noch dann, wenn das Herz *zugehalten* wird. Heißt das, dass der Herzschlag mit dem *Blut* als Sinnbild des Lebens in seinem Strömen zu dem *allumfassenden Wesen* nicht aufzuhalten ist? Was für ein schönes, gedichtetes und verdichtetes Bild für das Herz, die Sehkraft seiner *Augen*, sein *Gehör*, seine Gründe und seinen *Grund*.

Etty Hillesum, eine lebensneugierige und dabei auch schlichte junge jüdische Frau, die ihrer kommenden Ermordung durch die Nationalsozialisten mit offenem Visier entgegenschaut, liest zwischen mehrfachen Aufenthalten in dem *Polizeilichen Durchgangslager Westerbork*, von wo aus sie letztlich in das Konzentrationslager Auschwitz-Birkenau deportiert und dort ermordet wurde, Rilkes Stundenbücher. Sie notiert im Herbst 1942 in ihrem Tagebuch über ihre erzwungenen Aufenthalte:

> »Wenn ich nachts auf meiner Pritsche lag, mitten zwischen leise schnarchenden, laut träumenden, still vor sich hin weinenden und sich wälzenden Frauen und Mädchen, die tagsüber so oft sagten: *Wir wollen nicht denken, wir wollen nichts fühlen, sonst werden wir verrückt*, dann war ich oft unendlich bewegt (...) und dachte: Lass mich dann das

denkende Herz dieser Baracke sein. Ich will es wieder sein. Ich möchte das denkende Herz eines ganzen Konzentrationslagers sein.«

Ist das *denkende Herz*, von dem sie spricht, nicht das Herz mit seiner eigenen Sehkraft und seiner eigenen Logik im Sinne Pascals? Sind nicht tatsächlich das Denken und das Fühlen, von dem die Frauen im Lager erzählen, die Erkenntnis im Sinne der pascalschen Ordnung des Geistes an diesem Ort etwas, das im Angesicht des Schreckens *verrückt* machen muss? Zielt Hillesums *Denken* des Herzens nicht auf den *Grund* des Herzens und die Erkenntnis und die Liebe zum *allumfassenden Wesen* in der Beschreibung Pascals? Im Juli 1942 notiert sie: »Ach, wir tragen ja alles mit uns, Gott und den Himmel, Hölle und Erde, Leben und Tod und Jahrhunderte, viele Jahrhunderte.« Ein wenige Tage früher gemachter Tagebucheintrag korrespondiert damit: »(...) und irgendwo ist in dir etwas, das dich niemals mehr verlassen wird.« Und nochmal in einem Brief aus dem Westerbork schreibt sie: »Jede Situation, so elend sie auch sein mag, ist etwas Absolutes und hat das Gute und Schlechte in sich eingeschlossen.« Hillesum schaut mit den *Augen des Herzens* das *allumfassende Wesen*, die Weisheit einer Verbundenheit mit den Menschen ihrer Gegenwart, der der früheren und zukünftigen Generationen, ja eine kosmische Verbundenheit vom Anfang bis zum Ende der Welt. Das *denkende Herz* beinhaltet daher auch ein weiters Verständnis vom Herzen als Gedächtnis, wie es auch ein hebräischer Begriff für das Herz, לב *lev*, nahelegt. Das Herz hat eine Verbindung zu einem kollektiven und vielleicht auch kosmischen Gedächtnis. Hillesum hinterlässt ein Vermächtnis und einen Wink im Verständnis des Herzens, das ein Denken in seiner Zentrierung auf das eigene Ich, auf die eigene Identität und auf das vermeintlich *eigene* Glück von dieser Zentriertheit zu lösen und zu befreien vermag.

Von dem Seitenweg zurückkehrend lassen sich am Ende dieses gesamten Weges vielleicht die folgenden Inspirationen perspektivisch festhalten. Das Herz, in seiner in sich widersprüchlichen *Natur* seiner Liebe zum *allumfassenden Wesen* und der Liebe zu sich selbst gehalten, ist der Ort abgründiger Unruhe und Unsicherheit. Es vermag keine Ruhe einer befriedenden Gewissheit zu finden. In dieser Hinsicht kann das Herz als die Grundmetapher des Menschen *verstanden* werden. In ihm gründen und spiegeln sich alle *Facetten*, im Sinne der Bedeutung des lateinischen Begriffs *facies*, die *Gesichter* des Herzens, die auf dem kommenden Weg angesprochen und

74

besprochen werden. In diesem erhellenden wie auch verdunkelnden Sinne sei am Ende dieses Weges Bezug genommen auf eine Beschreibung Balthasars in *Das Herz der Welt*: »Wer kann bestimmen, was ein Menschenherz vermag (...)?«

Zehnter Weg: Die Facetten des Herzens

»Diese Zweigesichtigkeit des Menschen ist so ersichtlich (..).« (Frgt. 547)

»Welche Chimäre ist also der Mensch, welche Neuerscheinung, welches Monstrum, welches Chaos, welches widersprüchliche Subjekt, welches Wunder, Richter über alle Dinge, schwachsinniger Erdenwurm, Träger der Wahrheit, Kloake der Ungewissheit und des Irrtums, Ruhm und Unrat des Universums.« (Frgt. 164)

»Wie ist das Herz des Menschen doch hohl und voller Unrat.« (Frgt. 180)

»Oftmals halten die Menschen ihre Einbildung für ihr Herz; (...).« (Frgt. 737)

Am Ende des letzten Weges wurde in den Betrachtungen über das Herz festgehalten: Der Grund des Herzens liegt in seiner abgründigen Unruhe und Unsicherheit. Mit dieser verbunden ist seine in seiner Natur liegende Widersprüchlichkeit der Liebe zum *allumfassenden Wesen* und der Liebe zu sich selbst. In dieser abgründigen Widersprüchlichkeit spiegeln sich alle *Facetten des Herzens*. Mit Bezug auf die Herkunft des Begriffes *Facette* vom lateinischen *facies*, *Gesichter*, kann dabei auch von den Gesichtern des Herzens gesprochen werden. Der Gedanke Pascals im angeführten Fragment 547 deutet eine Zweigesichtigkeit der Menschen an. Weist Pascal damit auf die Widersprüchlichkeit zwischen der Liebe des Herzens zum *allumfassenden Wesen* und der zur Übersteigerung neigenden Liebe zu sich selbst hin? Diese zwei fundamentalen Facetten des Herzens könnten mit der benannten Zweigesichtigkeit, den zwei Gesichtern der Menschen, korrespondieren. In Fragment 164 entfaltet er diese Zweigesichtigkeit in einer aufgefächerten Beschreibung. Der Begriff Chimäre oder auch Schimäre dient dabei als zentraler Wegweiser für die folgenden Beschreibungen der Facetten des Herzens. Denn *Chimäre* geht auf das lateinische *Chimaera* und das griechische

Χίμαιρα (Chimaira) zurück. In der heutigen Bedeutung *Hirngespinst* liegt schon etwas *Gespensterhaftes*, der Mensch, der sich selbst zum *Gespenst* wird. Wird er so nicht auch die Angst vor sich selbst, sich selbst zur Angst? Die ursprüngliche Assoziation der *Chimaira* als ein fabelhaftes Wesen, das zu einem Drittel aus Löwe, zu einem Drittel aus Ziege und zu einem Drittel aus Drachen besteht, untermauert diese furchteinflößende Gespensterhaftigkeit, die eine Angst vor dem eigenen Spiegelbild hervorruft. Die von Pascal verwendeten *Bilder* des Monstrums, der Kloake, des Unrats des Universums, des Irrtums, des Chaos und des schwachsinnigen Erdenwurms befeuern die gespenstige Angst vor sich selbst. Die *Bilder* des Wunders, des Trägers der Wahrheit und des Ruhms weisen dagegen in die Richtung eines herrlichen Zaubers seines Wesens und Lebens. Hat aber auch dieser Zauber nicht etwas Unheimliches? Es sei hier erinnert an den schon auf einem vorherigen Weg zitierten Ausruf Ciorans: »Der Mensch ist zweifelsohne ein außergewöhnliches Phänomen, aber kein Erfolg.« Ist also der Mensch die Chimäre, die sich selbst zur Angst wird? Tatsächlich kann einem beim Schauen dieser pascalschen *Bilder* des Menschen angst und bange werden. Sie klingen wie ein Klageruf aus dem *Kerker* der existenziellen Verlorenheit.

Der »Unrat des Universums« findet im darauffolgend angeführten Fragment 180 sein Pendant im »Unrat« des Herzens. Dass der Mensch zum einen eine Kloake und ein Monstrum ist, hängt mit dem Unrat im Herzen zusammen. Dieser Unrat bildet das Potenzial, sich zu einem Monster, zu einer Kloake und eben zu einem Unrat des Universums zu entwickeln. Pascal weist zudem darauf hin, dass das Herz des Menschen hohl sei. Wie aber kann das Herz zum einen *hohl* sein und zum anderen *voll*? Intendiert die Vorstellung eines hohlen Herzens nicht schon fast eine *Herzlosigkeit*? Der »schwachsinnige Erdenwurm«, ihm fehlt es wohl nicht nur an den Fähigkeiten des Geistes der Geometrie und des Geistes der Feinheit, es fehlt ihm zudem oder gar im Besonderen an der *Sehkraft* der *Augen des Herzens* und an einem *hörenden Herz*. Vielleicht lassen sich so die Verheerungen des und der Menschen, die Zerstörungen, Kämpfe und Kriege zumindest nachvollziehen. Andersherum formuliert: Bedarf es nicht neben der Bildung des Geistes auch einer *Bildung des Herzens*? Kann eine Herzensbildung zumindest in Teilen die *Verunratung* des Herzens mildern oder gar verhindern? Auf dem letzten *Weg* wird auf die Herzensbildung vertiefend eingegangen. An dieser

76

Stelle stehen die folgenden Fragen im Vordergrund: Ist der Unrat nicht schon immer im Herzen? Oder kommt der Unrat von außen in das Herz? Vielleicht ist beides zutreffend. Die an sich natürliche Liebe des Menschen zu sich selbst trägt in sich schon die *Keime* zu einer erhöhten und vermessenen Eigenliebe, die im pascalschen Sinne zu dem *hassenswerten Ich* führt. Diese *Keime* als Potenzialität sind schon im Herzen des Menschen in seinem Grunde angelegt. Womit das *hohle* Herz sich füllt, hängt dann von der Ausgewogenheit oder eben auch Unausgewogenheit der Liebe zum *allumfassenden Wesen* und der Liebe zu sich selbst ab. Sind also diese schädlichen *Keime* für die Ausformung einer vermessenen Eigenliebe schon der Unrat im Herzen? Oder verleitet diese Eigenliebe das Herz nun dazu, sich mit Unrat von außen zu füllen? Auf welche Art und Weise gelangt dieser Unrat dann aber in das Herz? Darauf gibt das zuletzt angeführte Fragment 737 einen Hinweis: durch Einbildung. Ist aber *Einbildung* nicht auch Bildung? Darüber wird noch auf dem letzten Weg zu sprechen sein. Der Weg für das Gelangen des Unrats in das Herz wird über die Einbildung vielleicht nachvollziehbar. Das *hohle* Herz besorgt sich über die Einbildung eine imaginäre Fülle, die im Herzen tatsächlich ankommend den Unrat dort verbreitet. Und Pascal folgend, neigen die Menschen dazu, sich den eingebildeten Unrat als eine tatsächliche Fülle und Erfüllung ihres Herzens einzureden. Eine Narretei des im Kerker gefangenen Bajazzo.

Im Folgenden werden unter einer wohl kaum überschaubaren Vielzahl von Facetten des Herzens, die im Guten wie im Schlechten auf der abgründigen Unruhe des Herzens beruhen, einige, die in einen inhaltlichen Bezug zu den Pensées stehen, kurz angeführt und beschrieben. Diese kurzen Beschreibungen sind in Teilen nicht mehr als Andeutungen mit Fragen und damit ein Wink für das Weiterdenken auf diesem Weg und über ihn hinaus.

Das *hörende* und *vernehmende Herz* ist jenes Herz, das im pascal schen Sinne in der Liebe zum *allumfassenden Wesen* lebt. Damit verbunden ist eine ausgewogene und dieser Liebe angemessene Eigenliebe. Dies Herz vernimmt die Weisheit hörend wie auch mit seinen *Augen*. Die Logik dieses Herzens zeigt und entäußert sich in der Persönlichkeit eines Menschen. Milde und Zuneigung gegenüber den Dingen der Welt, den Geschöpfen und den Mitmenschen weisen dieses Herz aus. Es ruht in sich. Im Schauen der Weisheit weiß es um die Unbeständigkeit dieser Ruhe und die Gefahren der Eigenliebe, die es aus der Ruhe zu bringen vermögen. Mit diesen Vorstellungen korrespondiert das Verständnis von einem *redlichen* und *weisen Herzen*. Die *Stimme* dieses Herzens verbreitet keinen Lärm und kein Getose in der Welt, belehrt und beleidigt nicht. Diese Stimme ist eher ein in Stimmung versetztes Schweigen im Vernehmen der Weisheit. Andere erkennen darin auch ein *festes* und *reines Herz*. Dieses Herz ist *vor* dem *allumfassenden Wesen* und in seiner Offenheit und Liebe zu diesem mit sich im Reinen. Es wabert nicht rum und ist in sich gefestigt, so dass es dem Menschen, in dem es pocht, Halt und Haltung verleiht. Ein solches mit sich im Reinen befindliches Herz mag auch ein *schlichtes* oder auch *gerades Herz* sein. Es ist ungekünstelt, stellt sich nicht selbst zur Schau und fabuliert nicht um die Dinge herum.

Das *hohle Herz* steht schon in der Neigung zu einer überzogenen Eigenliebe. In dieser Neigung neigt es dazu, sich selbst über die *Einbildung* mit Unrat zu füllen. Welcher Unrat kann gemeint sein? Zunächst: »Die Einbildung gebietet über alles. Sie schafft die Schönheit, die Gerechtigkeit und das Glück, das in der Welt alles ist.« (Frgt. 78) Die Einbildung vermag *alles* derart aufzubauschen, dass es zum zentralen Punkt der Welt und des eigenen Lebens erklärt werden kann: die eigene Schönheit, der Kampf um Gerechtigkeit, die Nation, die Religion, die Liebe zu einer anderen Person, das Geld, die Erotik, der Sport, die Kunst, die Literatur, das eigene Glück oder auch die eigene Gesundheit. Die Einbildung setzt dem von Eigenliebe bestimmten Herzen jene Phantasien als *Güter* vor, von denen dieses beeindruckt und geradezu besessen ist: Eitelkeit, Ruhm und Stolz. Die Ausführungen Pascals über diese Güter sprechen für sich. Mit der *Eitelkeit* sei begonnen.

> »Die Eitelkeit ist so tief im Herzen des Menschen verankert, dass ein Soldat, ein Kriegsknecht, ein Koch, ein Einbrecher sich rühmt und seine Bewunderer haben will, und selbst die Philosophen wollen welche haben, und diejenigen, die dagegen schreiben, wollen gerühmt werden, gut geschrieben zu haben, und diejenigen, die sie lesen, wollen gerühmt werden (sie) gelesen zu haben (...)...« (Frgt. 545)

Pascal sieht und versteht, dass die Menschen für ihre Einzigartigkeit und Einmaligkeit Bewunderung und Wertschätzung suchen und geradezu fordern. Dies führt zu einer *Ökonomie* der Aufmerksamkeit: Wer wird mehr gesehen und wertgeschätzt als andere? Wessen Eitelkeiten werden weniger bedient? In der Beschreibung der Eitelkeit erwähnt Pascal schon den *Ruhm* als weiteren Unrat. Zu diesem führt er vertiefend aus:

> »Die größte Nichtigkeit des Menschen ist das Streben nach Ruhm. (...) denn welchen Besitz auf Erden er auch haben mag, wie es auch um seine Gesundheit und grundständige Annehmlichkeit bestellt sein mag, ist er nicht befriedigt, wenn er von den Menschen nicht geschätzt wird.« (Frgt. 466)

Eitelkeit und Ruhm gehen Hand in Hand. Als Drittes gesellt sich der *Stolz* dazu: »Der Stolz wiegt alles Elend auf und reißt es fort. Er ist ein seltsames Monstrum, und eine sehr sichtbare Verirrung.« (Frgt. 471) Und weiter formuliert Pascal:

> »Der Stolz ergreift inmitten unseres Elends, Irrtums usw. einen so natürlichen Besitz von uns, dass wir auch noch das Leben freudig verlieren, vorausgesetzt, man spricht darüber.« (Frgt. 545).

Eitelkeit, Ruhm und Stolz können sich aber nicht auf ihren Lorbeeren ausruhen. Sie brauchen stets *neues Futter*. Denn: »Stetigkeit ekelt in allem an.« (Frgt. 661) Das ist der Grund dafür, dass »(...) man die Jagd lieber hat als die Beute« (Frgt. 177).

Das *vergiftete Herz* nährt sich am Gift der überzogenen Eigenliebe. Dieses Gift entsteht, wenn die Liebe zum *allumfassenden Wesen* erlischt, die *Augen des Herzens* erblinden und das Vernehmen der Weisheit endet. In der Schließung der *Tore des Herzens* zu der außerhalb des Ich liegenden und nur anschaubaren Weisheit fängt das Herz an, *im Saft seiner übrig gebliebenen Eigenliebe zu schmoren*. Das daraus entstehende *Potpourri* aus seinen Einbildungen wird im Sinne der lateinischen Begriffe *potus* (Getränk/Trinkgefäß) und *putrere* (morsch, faulen, verwesen) zu einem *verfaulenden Eintopf*. Dieser verfaulende Eintopf vergiftet schleichend das Herz. Und: Dieses Gift verwandelt das Herz mit Niedertracht und Arglist zu einem *Herz aus Stein*.

Das *Herz aus Stein* und das *Herz aus Fleisch*

Im Buch Ezechiel im Alten Testament heißt es in Vers 36,26: »Ich schenke euch ein neues Herz und lege einen neuen Geist in euch.

Ich nehme das Herz von Stein aus eurer Brust und gebe euch ein Herz aus Fleisch.« Der Hintergrund ist dabei eine durch den Propheten Ezechiel verkündete Verheißung eines Wiederaufbaus Jerusalems an die im babylonischen Exil befindlichen Israeliten. Der Grund für das Exil lag Ezechiel nach in der Abkehr von Gott. Diese Abkehr führte zu dem Herz aus Stein in der Brust der Israeliten. Die Verheißung eines neuen Herzens im Sinne eines Herzens aus Fleisch ist dabei ein Sinnbild für die Wiederkehr eines pulsierenden Lebens in der Umkehr zu Gott. Diese Erzählung trägt eine kulturelle Entwicklungsgeschichte in sich und mit sich. Das Märchen *Das kalte Herz* von Wilhelm Hauff (1802–1827) und auch die Beschreibungen des Ritter Kato in Astrid Lindgrens (1907–2002) Kinderbuch *Mio, mein Mio* sind mit hoher Wahrscheinlichkeit davon inspiriert. Das *Herz aus Stein* ist eine kulturübergreifende Metapher für ein verstocktes, kaltes, menschenfeindliches und liebloses Herz, das sich im Handeln und Tun eines Menschen offenbart. Im Sinne Pascals kann das Herz aus Stein das Resultat einer extrem übersteigerten Eigenliebe und der dabei erkaltenden Liebe zum *allumfassenden Wesen* sein. Es ist vielleicht *das* Sinnbild für das *hassenswerte Ich*. Das Herz aus Fleisch steht für eine Wiederbelebung dieser Liebe zum *allumfassenden Wesen* von diesem selber her, die zu einem pulsierenden, warmen und damit lebendigen Herzen führt.

Die *Stimme* des *vergifteten und arglistigen Herzens* kann laut sein. Dann dröhnt sie wie ein fürchterlicher Schrei in die Welt. Ihr Lärm ist rücksichtslos und vernichtend. Diese Stimme kann aber auch schmeichelnd und züngelnd daherkommen. Schmeicheleien dieser Art werden, wie es schon Diogenes von Sinope (um 400 – 323 v. Chr.) formulierte, nicht umsonst gerne als ein »Strick aus Honig« bezeichnet.

Es sei auch noch von der *Herrlichkeit* und der *Barmherzigkeit des Herzens* die Rede. Der hebräische Begriff für Herrlichkeit lautet כָּבוֹד (kāvôd) und bedeutet das *Gewichtige*. Kann es sich um eine dem Herzen selber entspringende Herrlichkeit handeln? Liegt und wiegt diese auf ihm selbst *gewichtig*? Oder kann mit dieser Herrlichkeit das *Gewicht* des von Pascal genannten *allumfassenden Wesens* gemeint sein, das wie eine *Wolke* das Herz geheimnisvoll umhüllt und in ihm *wohnt*? Ein Hinweis ist hier gegebenenfalls von Nöten: Im Alten Testament begegnet Gott in der Regel in einer verhüllenden Wolke. Die Herrlichkeit des Herzens wäre dann etwas von einem außerhalb des Herzens Liegendem geschenkt, das aber dennoch in ihm eine Wohnstätte hat. Die von Pascal genannte im Herz grundgelegte, natürliche Liebe zum *allumfassenden Wesen* korrespondiert mit der Sehkraft der *Augen des Herzens*, die diese Herrlichkeit in ihrer Verhüllung zu *sehen* vermögen. Ist dieses *Licht* der Herrlichkeit nicht der Ausgangspunkt jeglichen Herzschlags in der *Herzlichkeit* des Herzens, dem *leuchtenden* Pulsieren des Herzens? Und ist diese Herzlichkeit nicht wesentlicher Baustein der Barm*herzigkeit*? Wäre somit die Herrlichkeit des Herzens auch Grundlage der Barm*herzigkeit*? Eine Barmherzigkeit und auch *Arm*herzigkeit, in der sich die Herzlichkeit auszudrücken vermag. Im vertrauenden Sehen und auch im hörenden Vernehmen der Herrlichkeit des *allumfassenden Wesens* kann das Herz im Anblick des und der Elenden und im Anblick des Elends selbst *elend* und *arm* werden. Beinhaltet dieses Armwerden des Herzens auch seine *Öffnung* für den anderen Menschen in seiner Einzigkeit und Einzigartigkeit?

Am Ende dieses Weges erscheinen die Facetten des Herzens im Rückblick vielleicht wie ein Gebirgszug im Nebel tiefhängender Wolken. Jegliches Erhellen und Aufhellen hängt dennoch in Wolken und bleibt auf eine gewisse bezaubernde, aber auch vielleicht trostlose Weise nebulös. Es sei daran erinnert, dass die Logik des Herzens sich der Logik des Verstandes unendlich entzieht so wie die Ordnung der Liebe einen unendlichen Abstand hat zur Ordnung des Geistes. Das bedeutet: Die *Augen des Herzens*, die die Weisheit schauen und mit ihr auch die Herrlichkeit des mit Pascal benannten *allumfassenden Wesens*, haben eine andere *Sprache*, die dem Geist der Geometrie und auch dem Geist der Feinheit fremd sind.

Auch die *Herzensbildung* ist auf diesem Weg schon angesprochen worden. Ist sie die geeignete Prävention gegen die Ein*bildung* des Herzens mit *Unrat*? Bevor die Fragen hierzu auf dem letzten Weg aufgenommen werden, kann noch eine für die Bearbeitung dieser Fragen notwendige Voraussetzung angesprochen werden. Wessen bedarf ein *hohles* und vielleicht schon mit Unrat gefülltes Herz, damit es überhaupt der Herzensbildung geneigt ist? Dieser Frage wird auf dem folgenden Weg nachgegangen.

Elfter Weg: Die Neigung des Herzens

»Seid nicht erstaunt, wenn ihr einfache Menschen seht, die glauben, ohne vernünftig nachzudenken: Gott gibt ihnen ein, ihn zu lieben und sich selbst zu hassen, er neigt ihr Herz zum Glauben.« (Frgt. 408)

»Beschneidung des Herzens, wahres Fasten, wahres Opfer, wahrer Tempel.« (Frgt. 307)

»Demutsdiskurse geben ruhmreichen Leuten Anlass zu Stolz und demütigen zu Demut. (...) Wenige sprechen demütig über die Demut (...). Wir sind nichts als Lüge, Zweigesichtigkeit, und wir verbergen und verstellen uns vor uns selbst.« (Frgt. 564)

Das Nachdenken über die *Neigung des Herzens* gibt Rätsel auf. Was für eine *Aussicht* auf diesem vorletzten Weg mit Pascal. Tatsächlich kann dieser Weg auch als eine Art Vorbereitung für den abschließenden betrachtet werden, er muss es aber nicht. Dieser Weg mag vielleicht kurz sein, um die Kraft für den abschließenden Weg zu finden oder gegebenenfalls aufzusparen. Aber er kann auch einen Kraftakt zur Erreichung des Ausgangspunktes des abschließenden, in vermeintlich etwas leichter zugänglichen und auslaufenden Gefilden sich vollziehenden Weges beinhalten. Die *Aussichten* werden sich so oder so zeigen. Wofür bedarf es überhaupt einer Neigung des Herzens? Neigt das Herz sich selbst? Oder wer neigt es? Wohin führt dieses Neigen? Und schließlich: Wie soll sich dieses Neigen vollziehen? Was geschieht da mit dem Herzen?

Vorab: In seinen Pensées verwendet Pascal, im Zusammenhang mit dem Verständnis von einer *Neigung* des Herzens, öfter den Begriff der *Beschneidung* des Herzens. Dieser Begriff ist sehr stark religiös konnotiert. Mit Blick auf die Ausgangssituation der vorliegenden Wege mit Pascal, die existenzielle Situation des Menschen als *Bajazzo*, wird eine tiefgehendere und ausführlichere Beschäftigung mit dem Thema der *Beschneidung* des Herzens für einen kommenden Band mit zwölf weiteren Wegen mit Pascal aus der Perspektive seiner Religiosität und seines Ringens mit seinem Glauben aufgehoben. Auf dem jetzigen Weg führt auch das Nachdenken über die *Neigung* des Herzens zur gewünschten Ausgangssituation für den abschließenden Weg in diesem Unterwegssein mit Pascal. Zum Nachdenken über die *Beschneidung* des Herzens ergeht an all jene interessierten Leserinnen und Leser, die sich auch durch die Aussichten auf den Wegen in den explizit religiösen Gefilden der Pensées angesprochen fühlen, eine Einladung zum angedeuteten zweiten Band.

In Fragment 408 werden zentrale Inhalte der beiden letzten Wege nochmals deutlich. Wenn Pascal von einfachen Menschen spricht, die glauben ohne vernünftig nachzudenken, dann zielt das auf die Trennung der Ordnung des Geistes und der Ordnung der Weisheit und Liebe wie auch deren unendlichen Abstand voneinander. Das heißt: Die Frage, ob jemand das Herz am rechten Platz hat oder nicht, ob er ein gerades, reines und pulsierendes Herz aus Fleisch hat oder ein kaltes, vergiftetes und arglistiges aus Stein, hängt nicht von seinen Fähigkeiten in Bezug auf seinen Verstand in den Bereichen des Geistes der Geometrie und des Geistes der Feinheit ab. Pascal benennt hier Gott, der das Herz der Menschen zum Glauben neigt. *Gott* darf hier, wie auf einem vorherigen Weg schon einmal ausgeführt, mit den Worten Pascals selbst als das *allumfassende Wesen* verstanden werden. Dieses ist nicht ganz zu erkennen, es bleibt verhüllt und verhüllend im Sinne einer *anwesenden Abwesenheit*. Das *Neigen* beinhaltet eine Eingebung, »zu lieben und sich selbst zu hassen«. Es geht hier nicht um einen ausufernden und überzogenen Selbsthass. Pascal spricht ja vom »hassenswerten Ich« mit Bezug auf eine übersteigerte und ausufernde Selbstliebe. Ziel der *Neigung* ist die Ausgewogenheit in der Liebe des Herzens zu dem *allumfassenden Wesen* und zu sich selbst. Diese Öffnung zur Weisheit des *allumfassenden Wesens*, dieses Loslassen des eigenen Selbst in dieses Geheimnis der *anwesenden Abwesenheit*, heilt das Herz von seiner überzogenen Selbstliebe, von seiner Eitelkeit und seiner Jagd nach Ruhm und Stolz. Das Neigen führt im Verständnis des Fragmentes 307, hier kann »Beschneidung« durch *Neigung* ersetzt werden, zu einem Herz des wahren Fastens, des wahren Opfers, des wahren Tempels. Was kann damit gemeint sein? Das Fasten und Opfern beziehen sich auf die Begrenzung der Selbstliebe und der Tempel steht sinnbildlich für das Herz als Ort, wo das *allumfassende Wesen* in seiner anwesenden Abwesenheit *wohnt*. Wofür aber steht das *Wahre*? In dem geneigten Herz zeigt sich das *Wohnen* der anwesenden Abwesenheit und das drückt sich in einem *wahr*haftig redlichen und geraden Herzen aus. Anders ausgedrückt: Das Herz wird demütig.

Diesen Gedanken der Demut greift Pascal in Fragment 564 auf. Er kommt dabei wieder auf das Bild der Zweigesichtigkeit zu sprechen, welches für die Potenzialität der zwei Lieben im Herzen der Menschen steht. In der überzogenen Selbstliebe sind Menschen arglistig, ob nun bewusst oder unbewusst, und lügen sich im Grunde etwas vor. Sie verstellen sich, täuschen und verbergen hinsichtlich ihrer Eitelkeit und ihrer Jagd nach Anerkennung, Wertschätzung und Ruhm. Sehr erhellend ist die Beobachtung Pascals, dass selbst »Demutsdiskurse«, womit wohl öffentliche und zur Schau gestellte Zier mit Demut in Haltung, Reden, Debatten und Abhandlungen einhergeht, schon ruhmreichen Menschen des öffentlichen Lebens und der Gesellschaft zusätzlich Stolz verleihen können. Was für eine Versuchung des Täuschens, Lügens und Tarnens kann das gerade auch in der heutigen Welt der vielfältigen Medien sein. Schon in Demut lebenden Menschen bestätigen die Demutsdiskurse hingegen ihre Demut des Herzens. Doch was meint *Demut* eigentlich? Von seiner Begriffsgeschichte her beinhaltet Demut den *Mut* im Verständnis eines Sinnfindens in einem *Folgen*. Worauf oder wohin soll gefolgt werden? Demut zielt auf das *Folgen* der Weisheit, die die Augen des Herzens schauen. Weiter aufschlussreich ist auch die Betrachtung des französischen Begriffs in der Originalfassung von Fragment 564: *humilité*. Auf den lateinischen Begriff *humilitas* in seiner Ableitung von *humus*, was *Erde* bedeutet, zurückgehend zielt Demut auf ein sich *Erden*, zu sich selbst in einem Gleichgewicht finden. Demut: Ist sie das Vermögen und zugleich die Kunstfertigkeit des Herzens, die im Menschen die Bewegung zum Stolz *neigt*? Und die Sinnfindung, die der Demut inhärent ist, führt diese nicht zu einer erdenden Gewissheit über die Welt und das eigene Selbst? Diese Gewissheit, die Pascal sich so ersehnt und von Herzen sucht.

Nun können nach Pascal Demutsdiskurse ruhmreichen Menschen einen Anlass zu Stolz bieten, sie müssen es aber nicht. Und *ruhmreich* bezieht sich sicherlich nicht ausschließlich auf diejenigen Menschen, die schon sehr viel Ruhm im Sinne von gesellschaftlicher Beachtung, und diese gegebenenfalls mit Wertschätzung verbunden, erfahren haben. Ruhmreich sind vielleicht all jene zu nennen, die, egal in welcher gesellschaftlichen Position befindlich, dem Reichtum des Ruhmes zumindest nicht abgeneigt sind. Die Frage ist zu stellen, ob nicht ruhmreiche Menschen dennoch demütig sein können und Demutsdiskurse nicht als Anlässe für die Vergrößerung ihres Stolzes auffassen und verwenden. Die Antwort auf diese Frage fällt nicht leicht. Denn: Wer vermag in das Herz eines anderen Menschen zu schauen? Als ein Beispiel mit einer sehr großen Überzeugungskraft für eine mögliche Verbindung von Demut mit großer öffentlicher Beachtung und Wirksamkeit, gesellschaftlicher Wertschätzung und auch einem gewissen Ruhm darf Dag Hammarskjöld (1905–1961) genannt werden.

Hammarskjöld war ab 1953 Generalsekretär der Vereinten Nationen. Er starb am 18. September 1961 im Dienst bei einem Flugzeugabsturz einer Sondermaschine der Vereinten Nationen über dem Kongo. Die Ursache des Absturzes konnte nie aufgeklärt werden. Aus dem Tagebuch Hammarskjölds sind seine tiefe spirituelle und auch religiöse Verankerung und die schlichte Demut des *einfachen* Menschen und zugleich bedeutenden Staatsmanns und Weltdiplomats bekannt. Er war unter anderen auch von Pascal und seinen Pensées inspiriert. So bezieht er sich auf zwei Formulierungen Pascals, die auf den vorliegenden gegangenen Wegen mit Pascal auch sehr bedeutsam waren: *L`homme tragique* und *Dieu caché*. Der *tragische Mensch* und der *verborgene Gott*. Der *tragische Mensch* ist der Bajazzo im Verlies, der sinnbildlich für die Tragödie des Menschen in seiner existenziellen Einsamkeit und Verlorenheit steht. Der *verborgene Gott* bezeichnet unter anderem die anwesende Abwesenheit des *allumfassenden Wesens*. Zwei Tagebucheinträge Hammarskjölds seien an dieser Stelle angeführt und erörtert. Der Erste aus dem Sommer 1959 thematisiert ausdrücklich die Demut:

> »Demut ist in gleichem Grade der Gegensatz zur Selbstdemütigung wie zur Selbstüberhebung. Demut heißt sich nicht vergleichen. In seiner Wirklichkeit ruhend ist das Ich weder besser noch schlechter, weder größer noch kleiner als anderes oder andere. Es ist – nichts, aber gleichzeitig eins mit allem.«

Sehr bemerkenswert ist der Hinweis im ersten Satz auf das richtige Maß der Selbstliebe. Wie bei Pascal geht es nicht um Selbstkasteiung und Selbstdemütigung im Sinne einer Selbsterniedrigung und Geringachtung des eigenen Ichs. Weiter führt Hammarskjöld aus, dass Demut das Vergleichen des Ich mit den anderen und dem anderen ausschließt. Das kann als ein Wink einer Antwort auf die eingangs gestellte Frage nach der Methode der Neigung des Herzens zur Demut sein. Tragen nicht das Vergleichen und der Vergleich mit anderen Menschen ein immenses Potenzial zur Einbildung einer Kränkung in sich. Sind die anderen nicht immer ruhmreicher, anerkannter und wertgeschätzter als das eigene Ich. Eine Kränkung der

Eitelkeit, die zur Jagd nach Ruhm und einem vergifteten Herzen fast führen *muss*. Und was meint der Vergleich mit anderem? Zielt dieser auf das Vergleichen mit der Unendlichkeit des Weltalls, mit Göttern, mit fabelhaften Wesen, mit künstlicher Intelligenz? Wozu sollte und kann das führen? Weist dieser Vergleich etwa auf die pascalsche Erkenntnis hin, dass der Mensch ein unbedeutender »Erdenwurm«, ja gar ein »schwachsinniger Erdenwurm« sei? Vielleicht ist das ein erster Weg, eine erste Methode zur Neigung des Herzens und zum Erlernen von Demut: sich nicht mehr mit anderen und anderem vergleichen! »In seiner Wirklichkeit ruhend«, richtig geerdet im Gleichgewicht von der Liebe zum allumfassenden Wesen und der Liebe zu sich selbst, gibt es nach Hammarskjöld dann keinen kategorialen Unterschied mehr zwischen dem Ich und den anderen wie dem anderen. Es ist in diesem vergleichenden Sinne nichts und doch in seiner Existenz einzig und »gleichzeitig eins mit allem«. Dieser Tagebucheintrag spricht so schön und gelungen das Wesen der Demut aus. Er ist zudem ein markantes Beispiel für die Sehkraft der *Augen des Herzens* in der Ordnung der Liebe und der Weisheit.

Der zweite jetzt anzuführende Tagebucheintrag aus dem Frühjahr 1956 kommt auf den Zusammenhang der Stimme des Herzens mit der Offenheit eines *hörenden* und *vernehmenden* Herzens für die Resonanz des *allumfassenden Wesens* zu sprechen. Würde Pascal in seiner Suche nach Gewissheit diese Aussage Hammarskjölds aus dem Herzen sprechen?

> »Du wagst ein Ja – und erlebst einen Sinn.
> Du wiederholst dein Ja – und alles bekommt Sinn.
> Wenn alles Sinn hat, wie kannst du anders leben als ein Ja.«

Mit Bezug auf die Bedeutung der Begriffe Demut und *humilité* kommen in diesen Worten Hammarskjölds der Mut eines Sinnfindens im Sagen und wiederholen des *Ja* und die Erdung in diesem Sinn zusammen. Das geneigte Herz ist ein vernehmendes Herz. Die Stimme dieses Herzens verbreitet keinen Lärm und kein Getose in der Welt. Diese Stimme ist eher ein in Schwingung versetztes Schweigen und eine stimmende Stille im Vernehmen der Weisheit.

Was waren das für Aussichten auf diesem Weg über die Neigung des Herzens? Sie dienen als Vorbereitung für den letzten Weg, der die Herzensbildung thematisiert. Geht das überhaupt, eine Bildung des Herzens? Ist nicht dann schon viel erreicht, wenn das Herz von dem Unrat seiner Ein*bildung*en in der Neigung des Herzens gereinigt wird? Macht das Erlernen von Demut also nicht schon den Kern der Herzensbildung aus? Oder kann die Herzensbildung diese Ein*bildung*en auch schon im Vorfeld vermeiden helfen?

Zwölfter Weg: Die Herzensbildung

»Die Bewunderung verdirbt von Kindheit an alles. Oh, wie gut das gesagt ist, oh, wie gut er das gemacht hat, wie klug er ist usw. Die Kinder von Port-Royal, die man nicht diesen Stachel des Neides und des Ruhmes fühlen lässt, werden dafür unempfänglich.« (Frgt. 97)

»Man bürdet den Menschen von Kindheit an die Sorge um ihre Ehre, ihr Gut, ihre Freunde und noch einmal um die Ehre und das Gut ihrer Freunde auf. Man überhäuft sie mit Geschäften, Sprachunterricht und Übungen. (...) So überträgt man ihnen Aufgaben und Geschäfte, die bewirken, dass sie sich bis zum Morgengrauen Sorgen machen. (...) Und (...) man (...) rät ihnen, wenn sie eine Ruhepause einlegen, (...) sich stets umfassend zu beschäftigen. Wie ist das Herz des Menschen doch hohl und voller Unrat.« (Frgt. 180)

Was lässt sich unter der Herzensbildung, der Bildung des Herzens verstehen? Kann das Herz überhaupt gebildet werden? In welchem Bezug steht eine ausdrückliche Herzensbildung zur Bildung insgesamt? Und was meint Bildung im eigentlichen Sinne überhaupt? Und neigt ein Verständnis der Herzensbildung, in einem vielleicht falsch verstandenen romantischen Sinne, dazu, in *billigen Kitsch* abzudriften? Diesen Fragen soll auf dem letzten Weg dieses Unterwegsseins mit Pascal nachgegangen werden. Dabei erstaunt, dass Pascal selber über die Herzensbildung im eigentlichen Sinne de facto nichts hinterlassen hat. Warum ist das so? War diese Herzensbildung für ihn zu selbstverständlich, als dass er sie ausdrücklich beschreiben musste? Oder blieb ihm selbst das *Geheimnis* um diese Bildung des Herzens verborgen? Oder ist die Herzensbildung mit Bezug auf die *Augen des Herzens* und die *Logik des Herzens* nicht in der Sprache zu fassen, derer sich der Verstand und die Logik der Vernunft mit dem Geist der Geometrie und dem Geist der Feinheit bedienen? Ist die Bildung des Herzens überhaupt in Worte zu fassen?

Romantische Ideen über das Herz sind bei Pascal direkt auszuschließen. Von der Epoche der Romantik trennen Pascal gut eineinhalb Jahrhunderte. Die Motive der Romantik waren ihm unbekannt, Liebe und Herz mit Bezug auf eine andere Person eher fremd und erschreckend mysteriös. Auch *Romane*, der Begriff entlehnt sich derselben Sprachwurzel wie der Begriff der Romantik, wie etwa den zu seiner Zeit als einer der ersten europaweit bekannten, *Der geniale Hidalgo Don Quijote* (Band I 1605 / Band II 1615) de la Mancha von Miguel de Cervantes (1547–1616), schätzte er nicht. Er äußerte sich eher abfällig über deren, seiner Meinung nach, der Zerstreuung dienenden Wirkung. Wie aber lässt sich ein Zugang finden, mit oder doch zumindest von Pascal ausgehend, zu einem Verständnis der Herzensbildung? Der Weg dorthin führt über zwei *Umwege*. Zunächst bedarf es eines ersten, vielleicht eher steinigen und zu abstrakten Gedanken führenden Umweges über das Verständnis von Erziehung und Bildung der religiösen Bewegung des Jansenismus, mit der Pascal eng verflochten war. Der zweite führt über eine kurze Rückbesinnung auf die Gedanken Pascals zur *Einbildung* des Herzens und zur Neigung des Herzens zu einer vielleicht eigenen Imagination zur und über die Herzensbildung. Imagination bedeutet mit Bezug auf das lateinische *imaginatio* von *imago*, Bild, ein eigenes Vorstellungsvermögen im Sinne des Kreierens eigener *Bilder*. Dies wären im hiesigen Kontext Bilder über die Herzensbildung, zu welcher Pascal vielleicht doch eben *nur* einen Wink zu geben vermochte. Zunächst sei also der erste Umweg beschritten über das Verständnis von Erziehung und Bildung im Jansenismus.

Im angeführten Fragment 97 erwähnt Pascal ausdrücklich das Zentrum des Jansenismus[8], *Port Royal* in Paris. Dort gab es neben weiteren Institutionen der Bewegung eine Klosterschule im Sinne eines Internats für Mädchen und junge Frauen. Zudem unterhielt die Bewegung auch ähnliche Schulen, beispielsweise in Chesnay bei Versailles. Pascal benennt in seinem Pensée in diesem Fragment einen zentralen Punkt der Erziehung und Bildung im Geiste Port Royals und des Jansenismus insgesamt: Die Vermeidung einer *Einbildung*

---

8 Wie auch schon in einer Fußnote in Kapitel acht, kann hier nicht detaillierter auf die Bewegung des Jansenismus, ihre Prinzipien und Ziele eingegangen werden. Der Hinweis, dass der Jansenismus innerhalb der katholischen Kirche höchst umstritten war, mag auch an dieser Stelle genügen. Er stand in einem tiefgreifenden Konflikt mit dem Orden der Jesuiten und wurde schließlich vom Vatikan als häretisch verboten. Die politischen Implikationen führten schließlich zur Auflösung und Zerstörung von Port Royal.

des Herzens durch das Sinnen nach persönlichem Ruhm und persönlicher Ehre, was zu zerstörerischer Eitelkeit und zwanghaftem Neid führe. Die individuelle »Bewunderung« verderbe die Kindheit. Und: Dieses Verderben durchzieht dann wohl auch nachhaltig alle Lebensalter. Zu vermeiden sei es am ehesten dadurch, dass es erst gar nicht erlernt und angewöhnt wird. Im französischen Originaltext lautet der letzte Teil des zweiten Satzes: »(...) tombent dans la nonchalance.« Die hier angeführte Übersetzung lautet »(...) werden dafür nicht empfindlich«. Es könnte aber auch übersetzt werden mit »(...) verfallen in Gleichgültigkeit«. *Nonchalance* kann zudem mit *liebenswürdiger Ungezwungenheit, Unbekümmertheit* aber auch *Nachlässigkeit, Trägheit* und *Unachtsamkeit* übersetzt werden. Was also kann und wird mit *Nonchalance* an dieser Stelle gemeint sein? Deutlich ist, dass die so erzogenen jungen Menschen, im ursprünglichen Sinne des Wortes *non chalant,* sich *nicht* für die Einbildung und die Eitelkeit des Ruhmes *erwärmen* (sollen). Dies *kann* positiv gemeint sein, dass sie diesen mit liebenswerter Ungezwungenheit begegnen und somit gegenüber diesen Versuchungen unempfindlich werden. Es *kann* aber auch eine negative Bedeutung vorliegen, dass die jungen Menschen gegenüber dieser weltlichen Notwendigkeit der Bewunderung und der Suche nach Ruhm und Ehre, auch in aller Angemessenheit, träge und unachtsam und somit lebensuntüchtig werden. Diese Übersetzungs- und Verständnisfrage ist nicht ganz unwesentlich. Es sei daran erinnert, dass Pascal ja die Eigenliebe und damit auch den Wunsch nach Anerkennung und Wertschätzung nicht gänzlich, sondern nur in seiner Übersteigerung des *hassenswerten Ichs* ablehnt. Es könnte hier also auch eine Kritik an der Pädagogik des Jansenismus vorliegen. Das Augenmerk sei jetzt aber auf die grundlegende Rolle der *Gewöhnung* und der *Überzeugung* in dieser Pädagogik geworfen. Sie gründet in einem Verständnis von Erziehung und Bildung als einer *Kunstfertigkeit* der *rechten* Gewöhnung. Die individuellen wie auch gemeinschaftlichen Gewohnheiten sind so in den Kindern und jungen Menschen anzulegen und zu pflegen, dass sie selbst in diese freiwillig und mit Überzeugung einwilligen. *Überzeugung* beinhaltet dabei die Einsicht, dass diese Gewohnheiten richtig und in sich klug sind und damit die Voraussetzungen für das Regeln des eigenen Lebens in den Gemeinschaften und in der Gesellschaft gewährleisten werden. Die in den jungen Menschen angelegten und in ihren Grundsätzen und Zielen überzeugenden Gewohnheiten bedürfen auch in den anschließenden Lebensaltern einer andauernden Pflege und wiederkehrenden Selbstvergewisserung. Die Erziehung junger Menschen dient somit der Eingewöhnung und dem Einüben von Routinen und Gewohnheiten und einer damit verbundenen über die Lebensspanne andauernden Bildung derer im Sinne einer Reflexion über die Richtigkeit und Angemessenheit der eingeübten und ausgeübten Gewohnheiten. Kurz zusammengefasst kann auch von einer *Überzeugungsbildung* gesprochen werden, die auf Zustimmung setzt. Der französische Begriff für Zustimmung, *Agrément*, bringt das gut zum Ausdruck. Agrément, vom lateinischen *ad* (zu, hin, bei) und *gratus* (anmutig, willkommen, erwünscht), beinhaltet ein Streben nach etwas Willkommenem und Erwünschtem. Kann dieser pädagogische Impuls gegebenenfalls auch für die gegenwärtigen Herausforderungen in Erziehung und Bildung von Bedeutung sein? Es darf in diesem Zusammenhang angemerkt sein, dass die Pädagogik des Jansenismus sich einerseits auf dem Hintergrund der Renaissance und damit der Wiedergeburt des antiken Humanismus mit seinen zumindest in Teilen menschen- und weltfreundlichen Erziehungs- und Bildungsidealen entwickelte. Andererseits nehmen die Reformation mit der Frage von Gnade und Rechtfertigung hinsichtlich des erhofften jenseitigen Lebens und die damit verbundenen strengen und asketischen, weltabgeneigten Ziele und Ideale der Erziehung und Bildung großen Raum ein. Das Ringen um eine angemessene und kluge Erziehung und Bildung spiegeln damit auch den ideellen und gesellschaftlichen Umbruch vom Mittelalter zur Neuzeit. Humanistische Bildung wurde auf diesem Hintergrund gegebenenfalls nur als ein notwendiges *Übel* gesehen. Sie wurde als eine Art Vorbereitung auf eine strenge religiöse Erziehung des Gehorsams betrachtet, was in sich einen nicht auflösbaren Widerspruch beinhaltet. Fragen und Ziele der Erziehung und Bildung, die gegenwärtig im Zentrum stehen, wie die Verbindung von Freiheit, Autonomie und Selbstverwirklichung der eigenen Person, aber auch Fragen der Gleichheit und Solidarität, standen damals noch gut eineinhalb Jahrhunderte vor der *Französischen Revolution* nicht im Zentrum pädagogischer Aufmerksamkeit.

Für den auf die beiden Umwege folgenden weiteren *Weg* zur Herzensbildung sei von diesem Umweg der zentrale Gedanke des *Agrément*, der Überzeugung in Bezug auf das Eingewöhnen von Gewohnheiten, in seiner Bedeutung für die gesamte Erziehung und

Bildung, mitgenommen. Die Überzeugung, dass die individuellen wie gemeinschaftlichen Gewohnheiten richtig und in sich klug sind, gründet auf Erkenntnis und Wissen. Dieses Wissen dient der in Fragment 106 dargestellten *Regelung des Lebens*, wenn denn schon keine absolute Erkenntnis als Einsicht in die Zusammenhänge und Gründe des Lebens und der Welt möglich ist. Es bedarf daher eines in dem Fragment 207 angeführten *guten Denkens*. Dieses *gute Denken* bedarf der Schulung, um die Angemessenheit der *Kraft der Vernunft* in ihren Grundsätzen und Bereichen des *Kennens, Erkennens* und *Bekennens* zu erlernen. Die entscheidende pädagogische Frage ist dann: Welcher Schulung bedarf das *gute Denken*? Ganz offensichtlich kann das nur über die Schulung der Zugänge zur Erkenntnis und damit zum Wissen geschehen. Damit ist nichts anderes gemeint als das Einüben des *Geistes der Geometrie*, des *Geistes der Feinheit* und der Herzensbildung im Sinne der Schulung der *Sehkraft* der *Augen des Herzens*. In welchem Verhältnis stehen diese Zugänge zueinander? Sind sie gleichwertig? Sollten sie daher parallel mit und in ihren jeweils eigenen Grundsätzen und Methoden gelehrt und erlernt werden? Oder gibt es eine Abstufung der Wertigkeit und Bedeutsamkeit zwischen diesen zu schulenden Zugängen? Welche Bedeutung also kommt der Herzensbildung in diesem Konsortium zu?

Der zweite Umweg als Vorbereitung für den Endspurt auf der Zielgeraden, die zu einer Imagination über die Herzensbildung führen darf, verläuft über eine kurze Rückbesinnung auf die Gedanken Pascals zur *Einbildung* des Herzens und zur Neigung des Herzens. Hier kann vielleicht ein Wink Pascals als eine Art Schlüssel zu dem Geheimnis der Herzensbildung gefunden werden. Das zu Beginn dieses Weges angeführte Fragment 180 endet mit der folgenden, schon einmal auf dem Weg über die *Facetten des Herzens* angemerkten Aussage: »Wie ist das Herz des Menschen doch hohl und voller Unrat.« *Hohl* kann sich dabei auf das fehlende *Blut*, das fehlende *Pulsieren* und somit das fehlende *Leben* beziehen. Stattdessen ist es voll *Unrat*, den die *Einbildung* bewirkt hat. In dem Fragment führt Pascal vorher einige dieser *Einbildungen*, die ja auch *Bildungen* sind, an: Ruhm, Ehre, Geschäftigkeit, Leistung und weltlicher Erfolg, Zerstreuung. Wie könnte das Gemeinte in der Gegenwart beschrieben sein? Kinder, und junge Menschen werden von Geburt an einem Kompetenztraining unterzogen, damit sie zu einem erfolgreichen und *glücklichen* Leben befähigt werden. Kompetenz zielt auf eine *Eignung*, den Anforderungen der Gesellschaft, des Berufs, der Familie und vielleicht des Lebens allgemein gerecht werden zu können. *Klingt* das nach freier Entwicklung der Persönlichkeit? Oder ist das nicht doch eher eine Art *Drillen, Durchexerzieren* und *Abrichten*? Aber das sei wie es sei, es geht an dieser Stelle um die *Einbildungen*, die Suche nach Anerkennung, Ruhm, Ehre im Vergleichen mit anderen, was zu Neid und Missgunst führen *kann*. Dieser »Stachel« wird gesetzt mit sichtlich überzogenem Lob und andauernder Bewunderung der Kinder und jungen Menschen. Das Ganze läuft dann aus dem Ruder, wenn sich diese Einbildungen so im Herzen festsetzen, dass dieses zur Eitelkeit des *hassenswerten Ichs* verführt und damit *vergiftet* wird. Die überzogene Selbst- und Eigenliebe, die die Erziehung und Bildung von Port Royal ja *nur* präventiv zu verhindern erachtet, bedarf dann einer Regulation in eine Ausgewogenheit mit der Liebe zu dem, was Pascal das *allumfassende Wesen* nennt. Diese *Regulation* erfolgt mit der auf dem vorherigen Weg beschriebenen *Neigung des Herzens*. Nur das in dieser Liebe *vernehmende* und *hörende* Herz ist ein *lebendiges* und *pulsierendes*. Geht die Herzensbildung demnach im Verhindern, in der Prävention der Herzens*ein*bildungen und beziehungsweise oder Übungen zur Neigung des Herzens auf? Welcher Wink wird aus diesem kurzen Rekurs für die Imagination zur Herzensbildung ersichtlich?

Nach diesen zwei Umwegen vollzieht sich das Einbiegen auf die Zielgerade dieses letzten Weges doch vielleicht etwas taumelnd. Die Sache mit der Herzensbildung ist gegebenenfalls noch in Wolken verhüllt und von Nebel umfangen. Auf der Zielgeraden bedarf es einer Aufhellung hin zum Ziel der Imagination über die Herzensbildung. Hierfür darf die folgende *Ordnung* als Orientierung dienen. Diese bezieht die Anregungen der gegangenen Umwege mit ein.

Pascal selber hat kein eigenes Verständnis von Bildung allgemein in einer Art Bildungstheorie verfasst. Gleiches gilt für die Herzensbildung. Bildung kann in einem weiten Verständnis mit Peter Bieri als »die wache, kenntnisreiche und kritische Aneignung von Kultur« bestimmt werden. *Kultur* ist dabei nach ihm »das komplexe Gewebe von bedeutungsvollen, sinnstiftenden Aktivitäten«. Als eine

Art Schmankerl darf der Hinweis eingeschoben werden, dass Bieri die von ihm verfassten Romane, wie beispielsweise *Nachtzug nach Lissabon* (2004) oder *Das Gewicht der Worte* (2020), unter dem Pseudonym *Pascal Mercier* verfasste. Der Vorname *Pascal* war ein ausdrücklicher Bezug zu Leben und Werk von Blaise Pascal. Doch zurück zum Verständnis von Bildung und auch von Erziehung. Wenn Bildung also die genannte Aneignung von Kultur umfasst, dann zielt Erziehung auf das Erlernen von Bildung. Erziehung ist dann ein Begegnen im Dialog, in dem die *Rede* (griech. Λόγος) von etwas durch (griech. Διά) zwei oder mehrere Personen geführt wird und einen Wink auf ein Drittes beinhaltet, was Bildung im Sinne der Aneignung von Kultur genannt werden kann.

Mit Bezug auf die Pädagogik von Port Royal kann nun ein Element der Bildung im Sinne der ausgeführten Aneignung von Kultur näher in den Blickpunkt rücken: das *Agrément*, das mit und in der Gewöhnung einhergehende Streben nach etwas Willkommenem und Erwünschtem. Die Überzeugung und die Einsicht, dass die erlernten oder zu erlernenden Gewohnheiten richtig sind, bedarf der Schulung eines *guten Denkens*. Und diese Schulung geschieht mit Bezug auf Pascal auf den drei Pfaden der Erkenntnis: dem Geist der Geometrie, dem Geist der Feinheit und der Sehkraft der *Augen des Herzens*. Der Geist der Geometrie und der Geist der Feinheit beziehen sich auf die Logik und Gründe der *Vernunft* respektive des Verstandes und deren Entfaltung und Wirksamkeit in der *Ordnung der Körper* und der *Ordnung des Geistes*. Die Sehkraft der *Augen des Herzens* zielt auf das Erkennen der Logik und der Gründe des Herzens in der Wirksamkeit und Entfaltung der *Ordnung der Liebe und der Weisheit* und ist somit die zu schulende Voraussetzung für die Herzensbildung. *Ist* Herzensbildung dann in einem ersten Verständnis eine mittels Gewöhnung und Überzeugung zu erlangende Aneignung der Kultur eines *hörenden* und *vernehmenden*, eines *redlichen* und *weisen*, eines *festen* und *reinen* Herzens?

Im Bereich des *Geistes der Geometrie* und des *Geistes der Feinheit* sind die Wege und Formen des Einübens und der Schulung auch in der heutigen Zeit naheliegend. Der *Geist der Geometrie* wird durch das geduldige Einüben in den Grundsätzen der Mathematik und der Naturgesetze gebildet. Doch wie bildet sich der *Geist der Feinheit*?

»Man bildet sich Geist und Gefühl durch Gespräche, man verdirbt sich Geist und Gefühl durch Gespräche. Die guten oder die schlechten

bilden oder verderben sie so. Wichtig ist also vor allem, dass man gut zu
wählen versteht, um sie sich heranzubilden und sie nicht zu verderben.«
(Frgt. 682)

Pascal meint hier vornehmlich den *Geist der Feinheit*, den Geist der
Intuition. Es darf hier gefragt sein, ob die Auswahl der Gesprächspartner nicht eine Frage der Herzensbildung ist. Das ist wohl nicht
ganz von der Hand zu weisen, doch darauf wird weiter unten noch
eingegangen werden. Beziehen sich die von ihm genannten *Gespräche* nur auf Personen? Können damit nicht auch ganz andere Gespräche gemeint sein? Zu denken ist an *Gespräche* mit Büchern, mit
Gedichten, mit Gemälden, mit Photographien, mit Filmen und warum nicht auch an *Gespräche* mit der Natur, mit einem Fluss, einem
Wald oder auch mit den Sternen. Es sei aber zudem festgehalten:
Auch im Bereich des *Geistes der Geometrie* spielen Gespräche keine
unwesentliche Rolle. Die Gesprächspartner, seien es die Lehrerinnen
und Lehrer, das richtige Fachbuch, die Lerngruppe oder das Ambi-
ente des Lernortes, das alles hat einen nicht zu unterschätzenden
Einfluss auf die Schulung dieser Form des Geistes.

Jetzt zu des *Pudels Kern*: Wie lässt sich die Bildung des Herzens
beschreiben? Wie kann die Sehkraft der *Augen des Herzens* und das
hörende und vernehmende Herz durch Gewöhnung geschult werden? Wie erlangt es das Agrément, die Überzeugung, die Einsicht
in die Ordnung der Liebe und Weisheit? In einer Reminiszenz an
die von Goethe beschriebene Szene im ersten Teil des *Faust* über
die wahre Entpuppung des ihm zugelaufenen Pudels stellt sich hier
die Frage, ob und wenn ja, wie das Herz gebildet werden kann. Und
in welcher Sprache kann dies gegebenenfalls formuliert werden?
Geht das überhaupt, da die Logik und die Gründe des Herzens sich
doch der *Ratio* des Verstandes und der Vernunft und damit auch
deren Sprache entziehen. Welche Imaginationen können eventuell
die fehlende Sprache ersetzen? Zunächst ein Wink mit einer Vorstellung, einer Imagination aus einem sehr abstrakten und nicht leicht
zugänglichen Werk. Der Philosoph Max Scheler (1874–1928) entwickelte eine *materielle Wertethik*, auf deren Wesen hier aber nicht näher eingegangen wird. Interessant ist, dass er in dieser Wertethik seiner eigenen Auskunft nach »den alten großen Gedanken Blaise Pascals von einer *ordre du coeur, logique de coeur, raison du coeur* wieder aufgenommen und ihn zu einem der Fundamente seiner Ethik
gemacht« hat. Für die hiesige Imagination über die Herzensbildung

sei ein zentraler Gedanke aus Schelers Wertethik aufgegriffen und sicherlich in einem sehr verkürzenden Sinne interpretiert: Die Werte und die Ordnung der Werte erschließen sich nur den *Augen des Herzens.* Nun stellt sich die Frage, was denn mit *Wert* in diesem Zusammenhang gemeint sein kann. Um es direkt auf einen Punkt zu bringen: Wert *kann* sich, wie schon angemerkt sehr verkürzend und vielleicht auch etwas eigenwillig interpretiert, auf die *Würde* beziehen. Das Herz *sieht* die *Würde* der Dinge, der Lebewesen und der Personen. Von daher stimmt doch auch zumindest im Ansatz das, was mit Bezug auf den Geist der Feinheit und die Auswahl der *Gesprächspartner* ausgeführt wurde. Diese Wahl ist tatsächlich dann eine Frage der Herzensbildung. Denn die Augen des Herzens sehen die Würde der anderen *und* zugleich auch die Ausrichtung ihres Herzens, was für die angesprochene Auswahl mit entscheidend sein kann. Auch das erwähnte erste Verständnis der Herzensbildung als eine Aneignung der Kultur des Herzens kann mit diesem von Scheler ausgehenden Gedanken verbunden werden. Über die Augen des Herzens wäre das Herz mit einer *Kultur der Würde* verbunden. Ist das nicht eine wunderbare Vorstellung, ein wunderbares Bild für die Herzensbildung? Ein Bild auch für die Not der Zeit, ohne diese Not im Konkreten jetzt ausführen zu wollen. Wenn Menschen in und mit dieser Art der Herzensbildung im Schauen der Würde der Dinge, der Lebewesen und der Personen mehr geschult und geübt wären, sähe die Welt vielleicht etwas anders aus. Herzensbildung ist demnach im wahrsten Sinne des Wortes notwendig, eben die Not wendend. Die Einschätzung der Bedeutung der Ordnung der Körper und der Ordnung des Geistes gehen mit dieser Herzensbildung Hand in Hand. Das Herz *sieht* das angemessene Verhältnis der drei Ordnungen zueinander. Und es *schaut* noch, vor aller Tätigkeit des Verstandes, im Geist der Geometrie und im Geist der Feinheit schon die ersten Grundsätze, die Prinzipien aller Dinge.

Lässt sich denn etwas konkret zu den Wegen der Herzensbildung anführen? Es ist wohl nicht zu weit ausgegriffen, wenn an dieser Stelle Übungen der Kontemplation angeführt werden. Kontemplation meint die *Versunkenheit* in einer *Anschauung.* Dies kann einen geistlichen und spirituellen Charakter haben. Aber an dieser Stelle wird auch ein Bezug zur Religiosität deutlich, der keine uneingeschränkte Zustimmung bei den Wegbegleiterinnen und Wegbegleitern finden wird. So trennen sich gegebenenfalls am Ende dieses zwölften Weges die Geister und eben die Wege. Es erfolgt auch hier die Einladung zu weiteren zwölf Wegen mit Pascal, der aus all seinen Betrachtungen des Menschen in seiner existenziellen Verlorenheit heraus seinen Weg des Glaubens und der Religion eingeschlagen hat. Aber es sind ausgehend vom erreichten Ziel auch andere Wege des Lebens und der Orientierung möglich, auf die im Epilog noch kurz eingegangen werden wird. Das Schauen der *Augen des Herzens* in der Kontemplation, die ja durchaus den Alltag begleiten und begründen kann, ist immer von einer *Wolke des Nichtwissens* begleitet; dies in dem schon angeführten Verständnis, dass sich das Geschaute nicht in der Sprache des Verstandes, der *Ratio*, fassen und aussprechen lässt. Dennoch führen diese Imaginationen zu der dem Herzen und der Ordnung der Weisheit eigenen Vernunft und Logik. Zum Ende sei auch hier ein letzter Wink mitgegeben: Der schon erwähnte Emmanuel Levinas beschreibt die immer wiederkehrende Freude und Hoffnung der Kontemplation in der schauenden Verbindung mit dem, was Pascal das *allumfassende Wesen* nennt. Mit Bezug unter anderem auf die Psalmen spricht er von deren Weisheit in der »Fülle« der Menschheitsgeschichte, der »Geduld im Hoffen« und von den Kindern, »die in der Schule jeden Tag die geheimnisvollen Verse herunterbeten, deren Sinn jeden Tag neu geboren wird«. Es mögen nicht nur Kinder sein, die jene poetischen Lieder und Gesänge des Psalters täglich neu mit ihrem Klang in die Welt bringen. Viele dieser Psalmen haben ihren Ausgangspunkt in der Erfahrung der existenziellen Verlorenheit des und der Menschen. Die Fülle der Menschheitsgeschichte wird sich nicht in den Psalmen erschöpfen. Möglichkeiten der Kontemplation als ein Weg zur Herzensbildung lassen sich in allen Kulturen mit ihren eigenen Formen der Anschauung und Versenkung in Gedichten, Gesängen und auch Gebeten finden. Es kommt wohl nur darauf an, die Herzensbildung zur Herzenssache zu machen.

Epilog

»Es gibt genügend Licht für jene, die nur zu sehen wünschen, und genügend Dunkelheit für die, die eine gegenteilige Neigung haben.« (Frgt. 200)

»Das erste ist die reine natürliche Unwissenheit, worin sich alle Menschen von Geburt aus befinden. Das andere Extrem ist jenes, in dem die großen Seelen ankommen, die, nachdem sie alles durchmessen haben, was Menschen wissen können, entdecken, dass sie nichts wissen (...). Das ist aber eine wissende Unwissenheit, die sich selbst erkennt. Diejenigen im Zwischenraum (...) haben einige vage Kenntnisse (...) und spielen die Verständigen.« (Frgt. 117)

Der Ausgangspunkt der Gedanken Pascals ist die absurde Lage des und der Menschen. Damit verbunden ist eine existenzielle Verlassenheit in den Weiten des Alls und eine nicht zu überwindende Ungewissheit über das *Warum* und das *Wofür* des Lebens. Diesem vermeintlichen Elend steht die Größe des Denkens gegenüber. Der Mensch als das »denkende Schilfrohr«. Das Denken und mit ihm die Möglichkeit der Erkenntnis und Selbsterkenntnis können zu einer Orientierung im persönlichen, gemeinschaftlichen und gesellschaftlichen Leben führen, aber nicht zu einer vollkommenen Erkenntnis der Welt und der eigenen Existenz. Und ob diese Erkenntnis mit Glück einhergeht, ist äußerst fraglich. Menschen vermögen über die verschiedenen Zugänge der Erkenntnis Einblicke in die unterschiedlichen Ordnungen der Welt erhalten. Das Leben vollzieht sich in diesen Ordnungen und die Erkenntnis darüber kann zumindest dazu führen, »das eigene Leben zu regeln«. Es bleibt die Möglichkeit, die Pascal im angeführten Fragment 200 anspricht: Auch in der absurden Lage des Menschen und in seiner existenziellen Verlorenheit gibt es »genügend Licht für jene, die nur zu sehen wünschen«. Aber es gibt eben auch »genügend Dunkelheit für die«, die nicht zu sehen wünschen. Im weiterhin angeführten Fragment 117 beschreibt Pascal so etwas wie Stufen der Erkenntnis. Ausgehend von der mit der Geburt gegebenen »natürlichen Unwissenheit«

reicht das *Licht* bis zur Erlangung der »wissenden Unwissenheit«. Ist letztere mit der Weisheit verbunden, die nur die *Augen des Herzens* zu sehen vermögen? Wer gelangt schon dahin? Das ist dann vielleicht auch ein Bild für die Menschen, dass sie in der Regel und in der Vielzahl im von Pascal genannten »Zwischenraum« die »Verständigen« spielen. Zu diesem Bild und diesem Pensée passt vielleicht wiederum die folgende, auf einem vorherigen Weg schon einmal angeführte Aussage des von Pascal verehrten und doch auch geschmähten Michel de Montaigne in seinem Essai *Über Demokrit und Heraklit*: »Das Besondere unseres Menschseins besteht darin, dass wir zugleich des Lachens fähige und lächerliche Wesen sind.« Das Spielen der Verständigen darf ruhig auch zum Lachen über die eigene Lächerlichkeit, die in der Regel vagen eigenen Erkenntnisse als gesichert sich selbst und anderen vorzugaukeln, führen. Im Kern bleibt bei allem Bemühen und Vermögen des Menschen zur Erkenntnis eine letzte und nicht vom Menschen selbst zu überwindende Ungewissheit über die Welt und die eigene Existenz. In der Ordnung der Liebe und der Weisheit stößt der Mensch nach Pascal in seinem Herzen auf die Erkenntnis des *allumfassenden Wesens*. Die Sehkraft der *Augen des Herzens* und ein *hörendes Herz* gelangen zu einem Vernehmen, das nicht in der Sprache des Verstandes und in seiner Logik zu artikulieren ist. Das Herz ist für Pascal die *Brücke* von der letztlich immer absurden und ungewissen Lage des Menschen zum Glauben, in dem er die Gewissheit zu finden erachtet. Die Wege des zweiten Bandes von *Unterwegs mit Pascal* widmen sich den Pfaden Pascals am anderen Ende der Brücke. Dabei werden dann auch seine berühmten Gedanken über *Die Wette* und *Das Memorial* aufgegriffen.

Es wurde schon am Ende des zwölften Weges darauf hingewiesen, dass Pascal auf dem Weg über die *Brücke* nicht gefolgt werden *muss*. Die in der Einleitung schon genannten Verehrer Pascals, Nietzsche und Camus, folgten Pascal nicht über die *Brücke*. Nietzsche wählte mit seiner *Schöpfung* des Übermenschen *Zarathustra* einen eigenen Weg zur vermeintlichen *Überwindung* der fehlenden Gewissheit Pascals. Den in der absurden Lage und in der Abgründigkeit des Herzens lauernden *Schatten der Nichtigkeit* des Lebens setzte er eine wiederum vermeintlich neuartige und großartige Zukunft des Menschen entgegen. Und Camus? In dem in der Einleitung zitierten Tagebucheintrag vom November 1956, in welchem er die bleibende

Größe Pascals anpreist, notiert er zudem: »Ich gehöre zu den Menschen, die Pascal erschüttert, aber nicht bekehrt.« An der Frage des *allumfassenden Wesens*, an der Frage der Religion trennen sich hier die Geister von Pascal und Camus. Auch er folgt Pascal nicht über die *Brücke*. In einem weiteren Tagebucheintrag vom Januar 1936, mit Blick auf die Szene von Jesus vor Pilatus, wird dies besonders deutlich und auch eindeutig: »Ich bin glücklich in dieser Welt, denn mein Reich ist ganz von dieser Welt«. Für Camus kann es keine Gewissheit geben. Die Würde des Menschen liegt seiner Ansicht nach in der nicht endenden *Revolte*, dem Aufbegehren gegen das Absurde.

Zum Ende sei nochmals die Einladung zu den Wegen des zweiten Bandes ausgesprochen. Noch wichtiger ist der Wink, eigene Pfade zu beschreiten und dabei den eigenen Gedanken nachzugehen.

Literatur

Herangezogene Ausgaben der Pensées

Pascal, Blaise (2016): Pensées – Gedanken. Editiert und kommentiert von Philippe Sellier. WBG: Darmstadt

Pascal, Blaise (2012): Gedanken. Kommentar von Eduard Zwierlein. Suhrkamp: Berlin

Pascal, Blaise (1937; 2001): Über die Religion und über einige andere Gegenstände (Pensées). Übertragen und herausgegeben von Ewald Wasmuth. Lambert Schneider: Gerlingen

Club des Libraires de France (Éditeur) (1961): Pensées de M. Pascal (sans lieu)

Zu und über Pascal (in Auswahl)

Andreas, Peter (1947): Pascal. Betrachtungen. Die Brücke: Freiburg i. Br.

Attali, Jacques (2006): Blaise Pascal. Biographie eines Genies. Klett-Cotta: Stuttgart

Balthasar, Hans Urs v. (1986): Die Augen Pascals. In. Ders.: Homo creatus est. Skizzen zur Theologie V. Johannes Verlag: Einsiedeln, S. 61–77

Balthasar, Hans Urs v. (1984): Pascal. In: Ders.: Herrlichkeit. Eine theologische Ästhetik. Johannes Verlag: Einsiedeln, S. 537–600

Béguin, Albert (1988): Pascal. Rowohlt: Hamburg

Blumenberg, Hans (1947): Das Recht des Scheins in den menschlichen Ordnungen bei Pascal. In: Philosophisches Jahrbuch 57: 413–430

Flasch, Kurt (2020): Christentum und Aufklärung. Voltaire gegen Pascal. Vittorio Klostermann: Frankfurt a.M.

Guardini, Romano (1934; 1962). Christliches Bewusstsein. Versuche über Pascal. dtv: München

Knapp, Markus (2014): Herz und Vernunft – Wissenschaft und Religion. Blaise Pascal und die Moderne. Schöningh: Paderborn

Pascal, Blaise (2017): Das Ich besteht aus meinem Denken. Aus den »Gedanken«. Herausgegeben von Franz Josef Wetz. Reclam: Stuttgart

Rombach, Heinrich (2010): Substanz, System, Struktur. Die Hauptepochen der europäischen Geistesgeschichte. Band 2. Alber: Freiburg i.Br. u. München, Kap. 6

Schmidt-Biggemann, Wilhelm (1999): Blaise Pascal. Beck: München

Schneider, Reinhold (1955): Pascal. Fischer: Frankfurt a.M.

Wasmuth, Ewald (1949): Die Philosophie Pascals. Lambert Schneider: Heidelberg

Weischedel, Wilhelm (1960): Der Abgrund der Endlichkeit und die Grenze der Philosophie. Versuch einer philosophischen Auslegung der »Pensées« des Blaise Pascal. In: Ders.: Wirklichkeit und Wirklichkeiten. Aufsätze und Vorträge. Walter de Gruyter: Berlin, S. 20–68

Weiss, Otto (2012): »Der erste aller Christen«. Zur deutschen Pascal-Rezeption von Friedrich Nietzsche bis Hans Urs von Balthasar. Friedrich Pustet: Regensburg

Zwierlein, Eduard (2024): Blaise Pascal. Herz und Vernunft – Leben und Denken. Alber: Baden-Baden

Auf den Wegen angeführte Werke der Literatur, der Wissenschaften und der Philosophie

Bachmann, Ingeborg (1966; 2016): Böhmen liegt am Meer. In: Höller, Hans.; Larcarti, Arturo: Ingeborg Bachmanns Winterreise nach Prag. Die Geschichte von *Böhmen liegt am Meer*. Piper: München u. Berlin, S. 17

Balthasar, Hans Urs v. (1988; 2008): Das Herz der Welt. Johannes Verlag: Einsiedeln

Bieri, Peter (2013): Wie wollen wir leben? Residenz: St. Pölten u. Salzburg

Böhler, Dieter (2021): Einleitung. In: Ders.: Psalmen 1–50. Herders Theologischer Kommentar zum Alten Testament. Hrsg. von E. Zenger. Herder Verlag: Freiburg/Basel/Wien, S. 25–65.

Böll, Heinrich (1957; 2021): Irisches Tagebuch. dtv: München

Brecht Berthold (1981): Die Gedichte. Suhrkamp: Frankfurt a.M.

Camus, Albert (1942; 2021): Der Mythos des Sisyphos. Rowohlt: Reinbek bei Hamburg

Camus, Albert (2013): Tagebuch März 1951 – Dezember 1959. Rowohlt: Reinbek bei Hamburg

Camus, Albert (1997): Tagebücher 1935 – 1951. Rowohlt: Reinbek bei Hamburg

Camus, Albert (2010): Sommer in Algier. In: Ders.: Hochzeit des Lichts. Arche Literatur: Hamburg-Zürich, S. 29–47

Cervantes, Miguel de (1605/1615; 1953): Der geniale Hidalgo Don Quijote de la Mancha. In zwei Bänden. Dieterich`sche Verlagsbuchhandlung: Leipzig

Cioran, Emil (2001): Cahiers 1957–1972. Suhrkamp: Frankfurt a.M.

Descartes, René (1637; 2011): Discours de la Méthode. Französisch-Deutsch. Übersetzt und herausgegeben von Christian Wohlers. Felix Meiner: Hamburg

Erasmus von Rotterdam, Desiderus (1515; 2019): Das Lob der Torheit. Nikol: Hamburg

Goethe, Johann Wolfgang v. (1816–17/1829; 2019): Italienische Reise. Ein fotografisches Abenteuer von Helmut Schlaiß. Manesse: München

Goethe, Johann Wolfgang v. (1808/1832; 1948): Faust. I. Teil und II. Teil Erster Akt. Deutsch-Französisch. Konkordia/Dr. Burda: Bühl/Offenburg

Hammarskjöld, Dag (2022): Zeichen am Weg. Das spirituelle Tagebuch der UN-Generalsekretärs. Überarbeitete Neuauflage von Manuel Fröhlich. Deutsch von Anton Graf Knyphausen. Verlag Urachhaus: Stuttgart

Hauff, Wilhelm (1827; 2023). Das kalte Herz. Ein Märchen aus dem Schwarzwald. Mit Illustrationen von Christian Sobeck. 8 grad verlag: Freiburg i.Br.

Hillesum, Etty (2022): Das denkende Herz der Baracke. Die Tagebücher 1941–1943. Herder: Freiburg, Basel u. Wien

Kant, Immanuel (1800; 1983): Logik. In. Ders.: Werke. Bd. 5 Schriften zur Metaphysik und Logik. Herausgegeben von Wilhelm Weischedel. WBG: Darmstadt, S. 421–582

Kertesz, Imre (2016): Der Betrachter. Aufzeichnungen 1991–2001. Rowohlt: Reinbek bei Hamburg

Lehmann, Karl; Raffelt, Alber (Hg.) (2004): Karl Rahner. Ein Lesebuch. Herder: Freiburg i. Br.

Levinas, Emmanuel (2008): Vom Sein zum Seienden. Alber: Freiburg i.Br. u. München

Levinas, Emmanuel (2002): Totalität und Unendlichkeit. Versuch über die Exteriorität. Alber: Freiburg i.Br.

Levinas, Emmanuel (1991): Außer sich. Meditationen über Religion und Philosophie. Carl Hanser: München und Wien

Lindgren, Astrid (2022): Mio, mein Mio. Oetinger: Hamburg

Montaigne, Michel de (1580/1588; 1999): Essais. Eichborn: Frankfurt a.M.

Ortega y Gasset, José (2008): Der Mensch ist ein Fremder. Schriften zur Metaphysik und Lebensphilosophie. Alber: Freiburg i.Br. u. München

Rahner, Karl (1967): Selbstverwirklichung und Annahme des Kreuzes. In: Ders.: Schriften zur Theologie. Band VIII. Einsiedeln: Benziger, S. 322–326

Rilke, Rainer Maria (1985): Die Aufzeichnungen des Malte Laurids Brigge. Insel: Frankfurt a.M.

Rilke, Rainer Maria (2016): Das Stunden-Buch. Zweites Buch: Das Buch von der Pilgerschaft. Herausgegeben und gelesen von Gotthard Fermor, Fotografien von Klaus Diederich, Musik von Josef Marschall. Mit einer Einführung von Mark S. Burrows. Gütersloher Verlagshaus: Gütersloh

Scheler, Max (1923; 2015): Die Sinngesetze des emotionalen Lebens. Erster Band: Wesen und Formen der Sympathie. Aischines: Paderborn.

Scheler, Max (1913/16; 2014): Der Formalismus in der Ethik und die materielle Wertethik. Neuer Versuch der Grundlegung eines ethischen Personalismus. Felix Meiner: Hamburg

Sedmak, Clemens (2019): Theologisch Denken. Erkenntnistheorie aus der Begegnung mit Gott. Herder: Freiburg i.Br.

Sellmair, Joseph (1932): Die Pädagogik des Jansenismus. Ludwig Auer: Donauwörth

Steiner, George (2023): Warum denken traurig macht? Zehn (mögliche) Gründe. Suhrkamp: Frankfurt a.M.

Tolstoi, Leo N. (1868/69; 1996): Krieg und Frieden. Insel: Frankfurt a.M. u. Leipzig

Wolf, Christa (2016): Stadt der Engel oder The Overcoat of Dr. Freud. Suhrkamp: Berlin

Ankündigungstext
Band II: *Unterwegs* mit Pascal
Zu Gott – Betrachtungen auf zwölf Wegen

Der zweite Band *Unterwegs mit Pascal* widmet sich den Pensées (Gedanken) Blaise Pascals zu seiner Suche nach einer Gewissheit als Fundament des Lebens im Glauben und in der Religion. Einer explizit philosophischen und theologischen Schulung bedarf es nicht. Nachdem im ersten Band zwölf Wege der Betrachtung *Über den Menschen* in seiner existenziellen Ausgangssituation beschritten wurden, ergeht nun erneut eine Einladung zu zwölf Wegen zu drei weiteren zentralen Themen des pascalschen Denkens:

der verborgene Gott,
der universale Christus,
die Weisheit der Liebe.